Hermann Zschokke

Beiträge zur Topographie der westlichen Jordans'au

Hermann Zschokke

Beiträge zur Topographie der westlichen Jordans'au

ISBN/EAN: 9783743396722

Hergestellt in Europa, USA, Kanada, Australien, Japan

Cover: Foto ©Andreas Hilbeck / pixelio.de

Manufactured and distributed by brebook publishing software (www.brebook.com)

Hermann Zschokke

Beiträge zur Topographie der westlichen Jordans'au

Beiträge

Zur

Topographie der westlichen Jordans'au

von

Dr. Hermann Zschokke,
Rector des œsterreichischen Pilgerhauses in Jerusalem.

Mit 4 Tafeln.

Jerusalem,
Buchdruckerei der PP. Franziskaner.
1866.

Nihil Obstat:

Albertus de Hörmann revisor deputatus ab Illmo ac Revdmo D. D. Patriarcha Hierosolymitano.

IMPRIMATUR.

† J. Patriarcha Hierosolymitanus.

Vorwort.

Wenn bei dem grossen Fortschritte, welcher in der Neuzeit besonders in der biblischen Geographie, Topographie und Archäologie gemacht wurde, dennoch Vieles noch unerörtert geblieben, und so der Nachwelt ein weites Feld in dieser Richtung noch aufbewahrt wird, so liegt dies grösstentheils auch in den mannigfachen Schwierigkeiten, mit denen solche Forschungen bei den gegenwärtigen Verhältnissen Palestina's unternommen werden müssen.

Abgesehen von der Kostspieligkeit und den Strapatzen solcher Reisen im Oriente ist die Gefahr, der man ausgesetzt ist, noch mehr in Anschlag zu bringen, besonders, wenn dieselben in weiter Entfernung von der Hauptstadt unternommen werden, in Gegenden, in denen der Beduine noch ganz ungestört sein Wesen treiben kann. Da nun zuweilen diese Söhne der Wüste in viele kleinere oder grössere Tribus getheilt unter einander in Fehde oder Blutrache leben, so ist es oft unmöglich, das Terrain mehrerer Tribus zu passieren.

Die Jordans'au oder das El-ghor gehört ohne Zweifel zu den interessantesten, aber auch schwierigsten Partien Palestina's und wurde auch durch Beschiffung des Jordan, des todten Meeres und durch die Reisen vieler Gelehrten Ausgezeichnetes geleistet, so bleibt dennoch immer noch manche Lücke auszufüllen. Durch unsere in einer Jahreszeit, in der die sonst unerträgliche Hitze, welche in dieser Niederung herrscht, gemildert und somit das Reisen weniger beschwerlich ist, in die westliche Jordansebene unternommene Reise sind wir zu einigen interessanten Entdeckungen von Örtlichkeiten gekommen, welche in der Neuzeit entweder noch gar nie, oder aber nur selten oder bloss flüchtig besucht wurden. Wenn ich es demnach wage, dieselben der Öffentlichkeit zu übergeben, so bin ich dabei von dem Gedanken geleitet worden, dass durch einzelne detaillirte Untersuchungen und Beiträge in Zukunft endlich ein vollständiges Gebäude wird aufgeführt werden können.

Jerusalem am Epifaniefeste 1866.

Der Verfasser.

I. Reise von Jerusalem in die Jordansau.

Unter dem Schutze einer Escorte bestehend aus 8 irregulären Reitern und einigen Beduinen unter der Leitung des jungen aber in seinem Gebiete wohlerfahrenen Scheich Achsein Abu Enserat von dem Tribus Enserat انصرات, welcher ungefähr 100 bewaffnete Männer zählt, die im Winter ihre Zelte in der südlichen Jordansebene, im Sommer aber am Fusse des Berges Neby Musa aufschlagen, brach ich begleitet von meinem Amtskollegen Albert von Hörmann Dienstag den 7. November Morgens 7 Uhr von Jerusalem auf, um auf der gewöhnlichen Pilgerstrasse in die Ebene von Jericho zu gelangen. Wir passierten zunächst den Wady El-Chodd وادى الحوض, welcher des nahen Bethania wegen auch Wady el-Azarieh genannt wird mit der Quelle gleichen Namens Ain El-Chodd عين الحوض, welcher den Pilgern gewöhnlich als Apostelbrunnen gezeigt wird und der Sonnenquelle (Ensemes: Jos. XV 7 und XVIII 17) genau entspricht, erreichten 9 U. 5 M. die Stelle, wo der Weg rechts nach Neby Musa abzweigt und 9 U. 30 M. den Wady Sidr وادي سدر und befanden uns gen 10 U. unterhalb des Khanes Hadrur, wohin man gewöhnlich und nicht mit Unrecht die Herberge versetzt, in welche nach der Parabel des Herrn der barmherzige Samaritan den unter die Räuber Gefallenen gebracht hatte. [1] Anstatt nun den gewöhnlichen Weg von hier nach Riha einzuschlagen, lenkten wir daselbst links ab und stiegen zunächst in den Wady Abul Ddabàa وادي ابو الضباع d. h. Thal des Vaters der Hyänen hinab, der von nakten steilen Kreidebergen oft bis

---

1) Luc. 10, 30.

auf 10-12' Breite eingeengt wird und seinen Namen gewiss von seinen Bewohnern entlehnt hat. Von hier aus bemerkten wir gegen NO. eine gegen Süden geneigte Fläche, die mit Kreidehöckern, Maulwurfshügeln gleich, bedeckt war, eine interessante geologische Erscheinung, die schon dem Russegger auf seinen Wanderungen in diesem Gebiete aufgefallen war. Im Bachbette bemerkten wir ausserdem viele Rollstücke von blassrother Kreide. Um 11 Uhr gelangten wir in demselben Wady zu den Ruinen einer hohen Mauer, welche das zwischen zwei hohen Bergen eingeengte Thal gleichsam abschloss und nur durch einen Bogen den Durchgang gewährte. Anfangs konnten wir uns die Bedeutung dieser einer Fortification ähnlichen Mauer kaum enträthseln, um so mehr da unser Scheich sie uns als Dschisser Wady Abul Ddabaa جسر واد ابو الضباع d. i. die Brücke des Wady Abul Ddabaa bezeichnete, allein bald stellte es sich heraus, dass es ein zerstörter Aquäduct war, welcher das Wasser über den Wady hinüber bis nach Neby Musa geleitet haben soll. Jedoch als ich am 6. Jänner 1866 abermals in jene Gegend kam, überzeugte ich mich eines Bessern hievon.

150 Schritte nördlich von dieser Mauer kamen wir zum Nahr Kelt نهر القلت dem Keltflusse, dessen Bachbett im Spätherbst noch kurz vor der Regenzeit mit reichlich fliessendem Wasser gefüllt war. Die mit Mentha, Hypericum, Rhamnus Nabeka und Schilfrohre (Arundo Donax L. und Phalaris aquatica) bekleideten Ufer bildeten einen schroffen aber erquikenden Gegensatz zur übrigen Wildniss. Eine Menge Weiber und Kinder vom Beduinenstamme Enserat füllten die Schläuche ihrer Esel mit Wasser, als wir Tags darauf bei Riha den Wady Kelt überschritten, fanden wir ihn dort wasserlos und das Bachbett trocken. Einige Schritte nördlich vom Keltflusse bemerkten wir auf einer Anhöhe die Ruinen einer

Mühle sammt einem theilweise zerstörten Aquäducte, der sein Wasser aus einer höher liegenden Quelle erhalten musste, da das Flussbett des Kelt hier bei Weitem tiefer, als die Mühle liegt. Derselbe setzt seinen Gang, wie wir später bemerkten, an den Flanken der Berge in östlicher Richtung fort; diese beiden Aquäducte nun verdienen eine nähere Beachtung. Dieselben hatten, wie ich mich bei meiner zweiten Excursion dahin überzeugte, den Zweck, von der hochgelegenen Quelle des Kelt (Ras el Ain Kelt) das Wasser bis nach Jericho zu leiten. Als ich am 5. Jänner die Keltschlucht von der Strasse aus, die von Jericho nach Jerusalem führt, aufmerksam prüfte, fand ich diese beiden Wasserleitungen daselbst vor. Sie sind mit grosser Kunst angelegt und stammen sowohl ihrem Zwecke, als auch der Bauart nach aus der Herodianischen Zeit. Der zuerst oben erwähnte Aquäduct leitete das Wasser über den Wady Abul Ddabaa hinüber gegen die jerusalemitaner Strasse zu, wo er an den Bergwänden oberhalb der Strasse oft auch über Felsgrund fortgeleitet wurde. Theilweise ist derselbe noch gut erhalten und aus kleinen Steinen aufgeführt. Da diese Wasserleitung nun aus der hochliegenden Quelle in die tiefgelegene Ebene geleitet wurde, so ist es natürlich, dass dieselbe einen starcken Abfall haben musste. Bei dem Übergange des Gebirges in die Ebene fällt sie an der Südseite der Strasse unterhalb der Ruine Beitdschabr steil hinab und leitete das Wasser in einen grossen überdeckten Teich oder Cisterne unmittelbar unter der Ruine und von da in das grosse Wasserbehältniss, dessen unten noch erwähnt werden wird. Da jedoch ausser diesem Aquäducte auf derselben Südseite des Keltflusses noch ein zweiter tiefer gelegener Aquäduct sich vorfindet, der an der steilen Südwand der Keltschlucht fortgeleitet wurde und beim Ausgange derselben in die

Ebene theilweise noch gut erhalten ist, wo er am Tell Abu Alaidsch vorüberziehend sein Wasser absetzte, so muss angenommen werden, dass dieser Aquäduct entweder bloss ein Abzweiger des Ersteren ist, oder aber, dass er, was wahrscheinlicher ist, das Wasser des Keltbaches aus einer hochgelegenen Stelle in die Ebene ableitete.

Diesem zweiten Aquäducte entspricht ein dritter, der an der nördlichen steil abstürzenden Wand der Keltschlucht fortgeleitet wurde und mit grosser Kunst und Mühe angelegt ist. Es ist dies derselbe, welchen wir oben bereits bei der Mühle am Keltbache kennen gelernt haben und der noch gut erhalten ist, vorzüglich desshalb, weil er nur sehr schwer zugänglich ist. Man kann denselben mitten an der Nordwand der Keltschlucht von der Strasse aus eine Stunde weit verfolgen; er leitete das Wasser in die Ebene zwischen dem Wady Kelt und der Elisäusquelle. Beim Übergange in die Ebene sieht man um den Wady Kelt herum noch grosse fest zusammenhängende verwitterte Massen dieser Wasserleitungen. Solche Aquäducte, welche das Wasser stundenweit über Thäler hinweg an den schauerlichen Schluchtwänden fortleiteten, stammen aus einer bessern Vorzeit und leiten uns somit an wo wir das herodianische Jericho suchen müssen.

Nach einem halbstündigen Aufenthalte bei der oben erwähnten Mühle setzten wir unsern Weg über den südlichen, senkrecht abstürzenden Uferabhängen des Kelt fort, während wir den Aquäduct an der nördlichen Uferseite stets verfolgen konnten. Nach 15 Minuten überschritten wir das Bachbett und kamen in den Wady El-Nseri واد النصيري, der von Norden kommend in den Nahr Kelt einmündet; daselbt fanden wir neuerdings verfallene Bögen des oben erwähnten Aquäductes vor und setzten am linken Ufer des Kelt, der sich immer mehr zur schauerlichen Schlucht vertieft, zuerst östlich, dann nach Norden einbiegend unsern Weg fort durch eine Einöde deren Todtenstille durch kein lebendes Wesen gestört wurde. Um 1 Uhr stiegen wir in den Wady El-Dschitteh وادي الجتّة hinab, den wir nach einem halbstündigen Ritte wieder verliessen, um zum Berge Quarantania einzulenken und, erreichten um 1 U. 45 M. den Fuss der schönen pyramidalen Kuppe, welche wir dann in 8 Min. ohne grosse Mühe leicht erstiegen. Ist mithin dieser Berg, welcher gegen die Jordansebene zu als eine fast überhängende Felswand mit vielen Grotten und Höhlen abfällt, von der Ostseite her oder von Ain el-Sultan herauf unmöglich zu erklimmen, so ist der südwestliche Weg weder gefährlich noch beschwerlich, da wir bis an den Fuss der eigentlichen Kuppe bequem reiten konnten. Der Berg ist unter dem Namen Quarantania, Dschebel Kruntul جبل قرنطل bekannt und gilt in der Tradition als Berg der vierzigtägigen Faste und der darauffolgenden Versuchung des Erlösers, woher auch der Namen zu erklären ist, welcher übrigens, wie Robinson [1] bemerkt, nicht das Zeitalter der Kreuzzüge zu überschreiten scheint. Die vielen Felshöhlen dienten den Anachoreten der Vorzeit zum Aufenthalte, welche die vierzigtägige Einsamkeit und Faste des Herrn sich zum beständigen Ziele ihres Lebens und der Ascese gemacht hatten. Leider war die weite Aussicht von der höchsten Spitze des Berges etwas durch Nebel beshränkt. Zu unsern Füssen lag nun die grosse Jordansebene, die von den zwei von Süden nach Norden parallel laufenden Gebirgsketten wie von zwei Mauern begränzt wird, vom Nordende des todten Meeres bis hinauf zum kegelförmigen Berge Kren Sartabeh durch die

---

[1] Robinson Palestin. II B. S. 552. Halle 1841.

weissen wellenartigen Ufer des Jordan in zwei Hälften getheilt und nach verschiedenen Seiten hin durchzogen von vielen Thälern. Während ich im Frühjahre 1864 diese ganze Ebene mit herrlichem Grün bekleidet sah, glich jetzt das El-Ghor nach dem Brande der Sonne einer öden Wüste, die nur stellenweise in den Wadys oder dort, wohin die Quellen das Wasser leiteten, einige grüne Stellen zeigt, welche man mit Recht die Oasen des El-Ghor nennen kann. Nach Süden zu übersieht man den grössten Theil des todten Meeres, südwestlich taucht die Spitze des Ölbérges auf, während die Aussicht nach Nordwesten durch die nahen, hohen Berge beschränkt ist. Die Kuppe des Quarantania gleicht einer abgestutzten Pyramide, deren obere Fläche eine Art Krater bildet, welcher von einer Mauer eingefasst war. Daran schliesst sich südlich die Ruine einer Kirche, von der nur noch die Altarnische steht, von 6½' Breite mit der Richtung nach Osten aus gut behauenen Sandsteinen. An der Nordseite dieser Nische war unter andern auch der Name יהוה eingegraben. Die Araber nennen sie bloss Keniseh Kruntul (die Kirche von Kruntul). Mit dieser Kirche war einst ein Kloster verbunden, welches in der Zeit der Kreuzzüge zu den Besitzungen der Chorherrn vom h. Grabe gehörte, welche auch den Prior wählten. Im XIV. Jahrhunderte befanden sich daselbst Georgische Mönche, nach deren Vertreibung Alles in Trümmer fiel. Oben weht ein beständiger Wind, unser Thermometer zeigte bloss 20° R. Die Berge nördlich vom Quarantania fallen keineswegs so schroff wie dieser gegen die Jordansebene ab, sondern sie ziehen sich mehr zurück, und lassen so einen Einbug in die Ebene von höherm Flachlande zurück, was besonders zwischen dem Wady Nuehme und Audscheh der Fall ist; nördlich von diesem kleinen Hochplateau bildet sich wieder bis Kren

Sartabeh eine beckenartige Ebene, welche durch Ain
Fasaïl bewässert wird. Die Aussicht von der Höhe des
Kruntul ist desshalb schon beachtenswerth, weil man von hier
den herrlichsten Überblick über das südliche El-Ghor ge-
niesst. Um 3 U. brachen wir vom Fusse der Kuppe, wo
wir unsere Pferde zurückgelassen hatten, auf, um an der
Südseite direct in die Ebene hinabzusteigen, welche wir
auch in ³/₄ Stunden südwestlich von Ain el-Sultan erreichten. Anstatt nun geraden Weges nach Riha zu gehen,
zogen wir es vor, am Fusse des Gebirges nach Süden fort-
zugehen. Als ich am 5. Jänner 1866 das Terrain zwischen Ain el-Sultan und Wady Kelt nochmals sorgsam
prüfte, fand ich noch mehrere Grundmauern von Gebäuden
vor, unter diesen auch einen eingemauerten Säulenschaft,
sowie kleine mit Cement überzogene Wasserbassins. Wir
übersetzten den Wady Kelt trokenen Fusses; an der Südseite desselben geht der Weg hinan nach Jerusalem durch
den Pass Akabah, dessen Schlüssel die auf einem Hügel
gelegenen Ruinen von Beit-dschabr بيت جبر bilden. Südlich
von da ziehen sich die westlichen Gebirge zurück und die
Ebene bildet daselbst einen halbrunden Einbug in dieselben,
bis endlich das Gebirge an der Nordwest-Ecke des todten
Meeres in das Vorgebirge Ras El-Feschchah راس النشخة
ausläuft, das den nordwestlichen Theil des Meeres überragt
und der Küste weiterhin die Richtung vorschreibt. Es liegt
8-900' über dem Niveau des todten Meeres. Aus Obigem
ergibt sich denn auch, dass die Jordansau nicht überall
gleich breit ist; die Breite des südlichen El-Ghor's und
zwar an der Westseite wechselt zwischen 2 und 3 ¹/₂ Stunde. Die Durchkreuzung des südlichen Theiles der Westjordansebene nun war der eigentliche Plan der Reise.

Sobald wir den Wady Kelt übersetzt hatten, kamen wir zu einem kleinen kegelförmigen oben abgestutzten Hügel von den Arabern Tell Abu-el-Alaidsch تل ابو العلايج genannt, an dessen Nordseite gegen den Wady zu einige Ruinen, sowie Spuren oben erwähnter Wasserleitung zu sehen sind. Oben auf der kreisrunden Fläche bemerkt man eine Mauer mit einer runden Vertiefung. 10 Minuten SSW. von da liegen die Ruinen Chörbet Kakun, خربة قاتون, am Fusse des westlichen Gebirges beim Übergange in die Ebene, immerhin aber auf einem etwas erhöhten Platze. Es war ein viereckiger Bau aus Kalk- und Feuersteinen, dessen Ostmauer noch am besten erhalten ist; an der östlichen Seite dieser Ruine findet man noch Spuren von andern Gebäuden und südlich einige Schritte entfernt die Grundmauer eines Thurmes aus unbehauenen Feuersteinen. Indem wir uns von da östlich wandten, gelangten wir zu dem grossen Wasserbehältnisse, dessen Robinson erwähnte. Dieser Teich hat eine Länge von O-W von 562' und eine Breite von N-S von 470'. In einem Abstande von 40' von der Südmauer dieses Teiches sieht man noch eine andere Grundmauer, die mit Ersterer von O-W paralell läuft und ohne Zweifel eine Fortsetzung des Aquäductes ist. Die Mauern des Teiches bestehen aus kleinen unbehauenen Steinen, sind 9' dick und jetzt noch an den höchsten Stellen 5' hoch, während von der Westmauer nur noch die Grundsteine sichtbar sind. Die Araber nennen ihn Birket Musa; derselbe wird, wie wir oben gefunden haben, von der Wasserleitung aus Ain Kelt gespeist. Der ganze Platz vom Fusse des Gebirges an ist mit kleinen Steinen übersät, unter denen man oft bei genauer Beobachtung Grundmauern von Gebäuden sowie hie und

---

1) Rob. I. I. S. 545:

da behauene Steine antrifft. Dieser Platz bezeichnet, wie später noch gezeigt werden wird, die unbestreitbare Lage des herodianishen oder neutestamentlichen Jericho's. Indem wir uns von da Riha zuwandten, passirten wir den ersten Aquäduct über den Wady Kelt, Dschisser El-Ain Diuk genannt, welcher das Wasser von der Diukquelle in die Ebene leitete, ohne Zweifel zur Bewässerung der Gärten; von dieser Wasserleitung stehen nur noch 2 Bögen. Zehn Minuten später kamen wir zum zweiten noch gut erhaltenen Aquäducte, welcher auf 10 Spitzbögen gestützt ist, er heisst Dschisser El Ain el-Sultan und leitete das Wasser in die Ebene gegen Kasr el-Hadschla zu. Beide sind aus grossen schön gehauenen Steinen gut und fest gebaut. Nachdem wir unter diesem Aquäducte den Wady Kelt überschritten hatten, erreichten wir in ungefähr 8 Minuten unsern Lagerplatz nahe bei dem Kastellthurme in Riha. Das elende Dorf zählt jetzt ungefähr 200 Einwohner, die unter dem Namen El-ghawarneh (الغوارنة) bekannt und eine Mischlingsraçe von Beduinen und Arabern sind, welche sich den Negern nähern, wollhaarig sint und schlaffe Gesichtszüge haben. Kaum hatte sich die Abenddämmerung eingefunden, als ein Schwarm dieser Dorfweiber singend und kreischend unser Zelt umsprang, bis endlich ein verabreichter Bakschisch und einige derbe Worte sie verscheuchten.

II. Reise in der südlichen Jordansau.

Mittwoch den 8 November Morgens 6 U. 20 Min. verliessen wir unser Zelt und indem wir SO. die Ebene durchzogen, kamen wir um ½ 8 U. zu Ain Hadschla عين حصبا, ein kreisförmiger 6′ im Durchmesser haltender und ebenso tief gemauerter Brunnen, auf dessen Boden man aus dem langsamen Aufwallen des Sandes den Ursprung der Quelle erkennt. Dieselbe ist ringsum von üppigen Gebüsch umgeben und führt ihr Wasser dem Jordan zu. Ich fand das Wasser lau, denn während die äussere Temperatur 15 ½° R. zeigte, stieg das Thermometer im Wasser auf 21° R. Von Ruinen ist weiter nichts zu bemerken. ﻋﻴﻦ ﺣﺠﻠﺔ entspricht ganz dem Hebräischen חָגְלָה oder חָגְלָה - בֵּית, (da das ג der Hebräer gewöhnlich in das ج der Araber übergeht), einem Orte auf der Grenzscheide zwischen den Stämmen Benjamin und Juda; denn nach Jos. XV, 7, und XVIII, 19, 21, ging die Grenze von der Mündung des Jordan nördlich nach Beth-Hagla und zog sich nördlich gegen Beth-Araba. Da die Quellen im Oriente am längsten ihre Namen beibehielten und die Lage ganz der Angabe der Bibel entspricht, so ist die Identifizirung von Ain-Hadschla mit der alten Kanaaniterstadt Beth-Hagla keineswegs in Zweifel zu ziehen; sie gehörte dann zum Stamme Benjamin, denn sie wird nebst Jericho als Stadt zum Stamme Benjamin gehörig angegeben. Jos. XVIII, 21. Der h. Hieronymus[1] bezeichnet die Tenne Atad d. i. jenen Ort, wo einst Joseph mit seinen Brüdern und den Aegyptiern um ihren Vater 7 Tage lang bittere Klage führten (Gen. L, 7-30), als identisch mit Bethhagla; denn er schreibt: „Area Atad locus trans Jordanem, in quo planxerunt quondam Jacob tertio ab Hiericho lapide duobus millibus a Jordane, qui nunc vocatur Bethaglia" Wenn jedoch Hieronymus den Ort jenseits des Jordan nennt, so ist dies kein Irrthum von seiner Seite; denn da er die Worte der Gen. L. 10 gebraucht, so musste dieser Ort für Jene, welche von Aegypten nach Canaan kamen, wirklich jenseits liegen. Der Name ist auch nach Hieronymus nicht ganz un-

---

[1] Onom. Art. Area Atad.

bekannt geblieben. Fetellus[1] erwähnt (An. 1151-1157) dieses Ortes: „Inter Jordanem et Jerico Bethaglia, quod sonat locus gyri, quod ibi more plangentium circuissent funera Jacob filii ejus". Eugesippus[2] und Brocardus[3] setzen Bethaglia 2 Leuca von Jericho gegen das todte Meer zu. Desgleichen Bernhard von Breydenbach[4] und Salignac[5] mit Andern. Südwestlich von dieser Quelle ungefähr 15-20 Minuten entfernt macht sich Kasr el-Hadschla bemerkbar d. i. ein verfallenes Kloster, deren in früherer Zeit Mehrere in dieser Ebene erwähnt werden. An der Nordostseite dieser Ruine steht noch die Altarnische der Kirche mit Wandgemälden in griechischen Typus, die jedoch nicht sowohl durch die Ungunst des Wetters, als durch den Fanatismus der Mohammedaner sehr beschädigt sind; das gleiche ist in den Gewölben und Gängen des Klosters der Fall, die gröstentheils mit Fresken ausgeschmückt waren. Die mittelalterlichen manchmal seltsamen Figuren in diesen trauernden öden Klosterhallen machen auf den Besucher einen geradezu elegischen Eindruck. In der Mitte der Klosterruinen liegt eine grosse viereckige Cisterne. Das Kloster liegt ganz in der Einöde, gewährt aber auf seinen Mauern eine schöne Aussicht vom Nordende des todten Meeres an über die ganze Jordansebene. Brocard fand daselbst noch griechische Mönche vor. Im 15 Jahrh. war es nach v. Salignac von Mönchen des (griechischen) S. Basiliusordens bewohnt. Bonifacius (de perenn. c. t. s.), Adrichomius und nach ihnen Quaresmius[6] nennen das Kloster „vasta divi Hieronymi solitu-

---
1) Vogüé. Les églises etc. Paris 1860 5. 420.
2) Symm. Alat.
3) Loc. T. S. Descp. c. 7. S 30.
4) Reysbuch. S. 129.
5) Tom 9. c. 5.
6) Elused. II. 752.

do", woher auch der Name Hieronymuskloster kommt, weil hier in der Einöde dieser Heilige sich längere Zeit aufgehalten haben soll. Übrigens lag es schon zur Zeit des Quaresmius in Trümmern. In der Umgegend wie auch am Ufer des Jordan trafen wir in grosser Menge eine Pflanze vor, die wie Haidekraut wächst; شجرة الدويدة Schadschrat Elduedeh nennen sie die Beduinen, welche sie in grossen Haufen zu Asche, قلي Kelli, verbrennen, die in die Seifenfabriken von Jerusalem abgeliefert wird. Es ist die Salicornia fruticosa der Familie der Chenopodeen angehörend.

Das nächste Ziel unserer Reise war die Jordanmündung. Wir brachen demmach 9 U. 5 M. von Kasr el Hadschla auf, übersetzten in 10 Minuten einen Wady, wo sich noch 2 ärmliche Palmen, die letzten Sprösslinge der einst so herrlichen Palmenhaine Jericho's, vorfanden. Über einen öden thonigen und lockern Boden, aus dem zahlreiche Salzkrystalle wie Glasstückchen glitzerten, erreichten wir endlich mühsam, da die Pferde oft tief einsanken, um 10 U. 30 M. das Nordufer des todten Meeres, welches seiner ganzen Länge nach mit Aesten und Baumstämmen bedeckt war, die der Jordan ins todte Meer geführt, dasselbe aber wieder ausgeworfen hatte. Der Geruch am todten Meere glich, als wir hinkamen, dem eines chemischen Laboratoriums. Um 11 U. erreichten wir die Mündung des Jordan. Derselbe bildet kurz vor seinem Ausflusse eine Art Insel, deren nördlicher Theil sich sehr dem Schlammufer nähert, dadurch wird der Fluss in 2 Arme getheilt, von denen der östliche Arm der bedeutendere ist, der westliche hingegen von der obgenannten Insel sehr eingeengt ist und mit dem Flusse eigentlich nur durch den Schlamm communizirt. Diese kleine langgestrekte Insel besteht, wie ich mich später überzeugte, ganz aus Schlamm, wesshalb es auch leicht erklärlich ist, dass nach der Regenzeit und bei hohem Wasserstande dieselbe ganz verschwindet; dieser westliche Arm mass 50 Schritte in der Breite, kaum näherte ich mich der Insel, als ich plötzlich in dem Schlamm bis unter die Arme versank, so dass ich nur mit Mühe das Ufer wieder gewinnen konnte. Der eigentliche Strom führt weniger Schlamm, ist breiter und tiefer. Während sonst die Ufer des Jordan hoch und steil sind, sind dieselben an der Mündung gänzlich verflacht und mit dem Nordufer des todten Meeres in gleichen Niveau, sie bestanden blos aus Schlamm, in dem zahlreiches Treibholz stak, wesshalb auch die Mündung des Jordan zur Regenzeit sehr schwer zugänglich ist; eine gute Strecke sind die Ufer auch ganz ohne Vegetation. Kurz vor dem Ausflusse hört die Strömung des Jordan auf und die Mischung des Jordanswassers mit der Salzfluth vollzieht sich unbemerkbar, weil die spezifische Schwere des Salzwassers das Jordanswasser zurükdrängt. Dies bemerkte schon Plinius[1], wenn er schreibt: „Jordanes velut invitus Asphaltiten lacum dirum natura petit, a quo postremo ebibitur, aquasque laudatas perdit pestilentibus mixtas." Da nun das Meerwasser das Flusswasser des Jordan zurükstaut, so erhält das Jordanswasser eine bedeutende Streke von seiner Mündung aufwärts einen salzigen Geschmack, der um so stärker wird, je mehr sich der Fluss dem Meere nähert. Hundert Schritte vor dem Ausflusse bemerkten wir noch im salzigen Wasser des Jordan viele kleine weisse Fische, während an der Südwestecke des Ausflusses deren manche todt am Ufer ausgeworfen lagen und durch die Salzinkrustation hart und steif wie Holz waren. Dessgleichen fanden wir einige Muscheln und blau und weisse spiralförmig gewundene Schneken.

---

[1] Hist. Nat. V. 15

Der Boden des todten Meeres war mit warmen Schlamm bedeckt und die Temperatur des Meerwassers, die gegen den Boden zunahm, stand 3° R. höher als die des Flusswassers, nämlich 24° R. Da der Jordan an seinem Ausflusse natürlicherweise viel Schlamm anhäuft, so ist der Meeresboden nicht tief gesenkt: wir konnten, ohne dass uns das Wasser an die Brust reichte, fast 1000 Schritte weit ohne Gefahr ins Meer hinein gehen, indem wir einen grossen Reiher verfolgten, der sich im Meere herumtrieb und wahrscheinlich den Fischen auflauerte, die ins Meer geführt wurden. Das Wasser trägt den Körper leicht, ohne dass man eine Bewegung zu machen braucht, in jeder beliebigen Stellung. Der Mündung gegenüber am Fusse des jenseitigen Gebirges oberhalb der Nordostecke des todten Meeres bemerkten wir eine grosse grüne Stelle, man bezeichnete uns dort die Quelle Ain el Suemeh. Mittags 12 U. brachen wir nach dem Doppelbade im todten Meere und an der Jordansmündung auf, um längs des Flusses nördlich unsern Weg fortzusetzen. Wir übersetzten in 5 Minuten einen kleinen Wady und kamen in 15 Minuten zu einem Hügel, der sich hart ans rechte Jordansufer anschloss: die Beduinen nannten ihn تل الرشيده Tell er Rescheideh. Während das östliche Ufer niedrig ist, fangt das westliche bereits sich zu erheben an, dass Wasser des Jordan hat statt der gelblichen Farbe der Mündung eine grüne angenommen und hat bald ein breiteres bald engeres Flussbett. Das tiefere Ufer ist mit fast undurchdringlichem Gesträuch und Rohr bewachsen, während das höhere Ufer sandige nackte Erdwände bildet, an deren Fusse sich schlammige Pfützen befinden, die durch die Sonnenhitze ganz getrocknet und durch grosse Spalten zerklüftet, oft aber auch mit Salzkrusten überzogen waren. Wir mussten daher das Rinnsal des Jordan verlassen und die steilern Ufer hinansteigen; oben fanden wir Schwefel in bedeutender Menge vor, welcher gewöhnlich mit einer dünnen braunen Kruste von erdigen Thoneisenstein und Gyps überzogen war; wir sahen ihn nicht blos in Knollenform, sondern auch in kleinen und grössern Platten. Diese Lager ziehen sich fast eine Stunde nördlich fort, während wir am todten Meere vergeblich darnach gesucht hatten und wenn Reisende ihn am Nordufer des todten Meeres gefunden, so kommt er sicherlich von diesen Sehwefellagern. Beduinen und Araber sammeln ihn sowie das Salz des todten Meeres.

Um 1 U. 7 M., also eine Stunde nördlich von der Mündung, kamen wir zur ersten Furth; das äussere oder obere Ufer ist ungefähr 50-60' hoch, von da gelangt man zum niedern Ufer, das anfangs mit Schlamm gegen den Fluss zu aber mit Gesträuch und Schilf bedeckt ist, sie ist unter dem Namen مقطع الخنو Macktt'a El-Chanu bekannt, nicht aber El Helu wie Robinson schreibt, da ich nach oftmaligen Fragen immer nur obigen Namen hörte. Mit مقطع bezeichnen die Araber überhaupt jede Furth. In einer halben Stunde erreichten wir die gewöhnliche Badestelle der Pilger, welche als zweite Furth gilt und bloss unter dem Namen المقطع El-Makttù bekannt ist. Wir nahmen auch hier ein Bad, das Wasser war frisch, während das Thermometer an der Luft 25" R zeigte. Während unsers Aufenthaltes daselbst übersetzten ungefähr 10 Araber den Fluss, ohne zu schwimmen, da der Wasserstand dermalen so klein war, dass das Wasser an den tiefsten Stellen nur bis an die Brust reichte. Als ich am 4. Jänner 1866 neuerdings an den Jordan kam, war derselbe schon bedeutend angeschwollen.

Die dritte Furth im südlichen El Ghor ist beim Ausgange des Wady Audscheh und heisst Mocktt'a El-Ghoranijeh مقطع الغورانيه Um 9 U. 30 Min. verliessen wir die Badestelle und wandten uns nördlich zu einer Ruine, welche sich schon von weiten bemerkbar macht: sie ist unter dem Namen Kasr el Jehud, das Juden Castell, bekannt und liegt eine halbe Stunde oberhalb des Badeplatzes am Jordan. Die Ruinen liegen jedoch nicht unmittelbar am Jordanflusse, sondern auf einer Anhöhe ungefähr 15-20 Minuten westlich vom Strome, welche man auch als äusseres Ufer bezeichnen könnte; der eigentliche Jordanfluss ist auf diesem Punkte schwer zugänglich in Folge des durch den Regen aufgeweichten Schlammes, wesshalb auch mein Versuch am 6. Jänner 1866 dahin zu gelangen, erfolglos blieb.

Der Bau von Kasr El Jehud zeigt ein Viereck von gehauenen Steinen mit Gewölben und zerfallenen Bogengängen, erhalten ist noch ein länglichtes Gewölbe mit einer Nische gegen Osten, welches als Kirche gedient zu haben scheint, darin finden sich viele Inschriften griechischer Pilger. Den übrigen Raum nahm das Kloster ein. Durch eine Öffnung kann man in einen grossen unterirdischen gewölbten Raum hinabsehen, der ohne Zweifel als Cisterne diente, da wir später einen Aquädukt bemerkten, der in gerader Linie das Wasser von Ain Diuk nach Kasr El Jehud führte. Zwischen den Steinquadern findet man auch hie und da Mosaikwürfel. Die Ruinen messen ungefähr 50 Schritte im Quadrate; an der Nordseite bemerkt man neuere Gräber, wo die Beduinen ihre Todten begraben; an der Südseite läuft der Wady Kelt in dem Jordan aus. Diese Ruinen sind auch unter den Namen Deir Mar Juhanna d. i. Skt. Johannis Kloster bekannt. Wir befinden uns hier auf einem äusserst interessanten Boden, der durch viele biblische Ereignisse merkwürdig ist, welche nun zur nähern Beachtung kommen.

Der Jordanfluss hat für den Christen eine zu hohe Bedeutung, als dass man gleichgültig an denselben vorübergehen könnte: war derselbe schon durch den wunderbaren Übergang der Israeliten unter Josua geheiligt worden, so erhielt er seine grösste Weihe durch die Taufe des Gottessohnes, welche der heil. Vorläufer im Jordan vollzog. Es ist daher leicht erklärlich, dass derselbe von Pilgern durch alle Jahrhunderte hindurch besucht wurde, welcher Umstand wieder mit dem Nutzen verbunden war, dass uns die Örtlichkeiten auf der Pilgerstrasse zwischen Jerusalem und dem Jordan erhalten wurden. Aus diesen Pilgerberichten, die bis in die ersten christlichen Jahrhunderte zurükreichen, werden wir nun belehrt, wo wir die Taufstelle Christi zu suchen haben. Schon die heil. Helena war an den Jordan gekommen und hatte daselbst ad vada Jordanis eine Kirche zu Ehren des heil. Johannes erbaut; denn Nicephorus[1] schreibt also: „Von Bethanien wandte sie sich nach dem Flusse Jordan und liess über der Grotte, welche Johannes dem Täufer zum Aufenthalte gedient, diesem Vorläufer des Herrn einen prächtigen Tempel erbauen und Elias von Thisbe einen andern am Abhange des Berges." Die Taufstelle des Johannes konnte zu dieser Zeit nicht unbekannt gewesen sein, da nach Matth. III. 5, 6, und Marc. I. 5, ganz Judäa und die Einwohner Jerusalems hinausgingen, um sich taufen zu lassen. Da vor der Zerstörung Jerusalems die Christen sich nach Pella flüchteten und dann wieder zurükkehrten, so konnte auch in der Folgezeit dieser Ort nicht in Vergessenheit gerathen. Johannes hatte nach Joh. I. 28; X. 40 jenseits des Jordan getauft in Bethania, oder wie Origenes, Epiphanius und Joh. Chrysostomus bei Reland[2] schreiben, in Βηθαβαρά, was soviel als בית עברה „locus transitus" heisst, vielleicht mit Anspielung auf den Übergang

---

1) Hist VII. 30.
2) Palaest. etc. S. 627.

der Israeliten. Wenn demnach der Kirchenbau der heil. Helena die Aufmerksamkeit auf das diesseitige Ufer gezogen hat, so mag dies daher kommen, weil der Übergang über den Strom nicht immer leicht war. Wie diese Stelle mit dem Übergange der Israeliten über den Jordan in Verbindung gebracht werden kann, wird unten noch besser klar werden. Die hl. Paula besuchte gleichfalls diesen Ort; denn der hl. Hieronymus [1] schreibt: „Vix nox translerat, ferventissimo æstu venit ad Jordanem, stetit in ripa fluminis et orto sole solis justitiæ recordata est, quando in medio amnis alveo sicca sacerdotes posuerint vestigia (Jos. III. 5.) et ad Eliæ et Elisæi imperium iter unda præbuerit (4. Kön. II.) pollutasque diluvio aquas Dominus mundaverit baptismate." Ausser dem Uebergange der Israeliten und der Taufe Christi ist diese Stelle auch noch durch die Wunderwerke Elias' beachtenswerth (4 Kön. II. 8. sq.). Der Pilger von Bordeaux (333) setzt diesen Ort in eine Entfernung von 5 Milliarien vom todten Meere, was der Entfernung von 2 Stunden = 40 Stadien vollkommen entspricht und sagt [2]: „a mari mortuo ad Jordanem, ubi Dominus a Joanne baptizatus est, milliaria quinque; ibi est locus super flumen monticulus in illa ripa, ubi raptus est Elias in cœlum." Nach dem Berichte des Procopius [3] hatte der Kaiser Justinian in diesem Kloster einen eigenen Brunnen graben lassen, da es nicht unmittelbar am Flusse gelegen war. Der hl. Antonius Placentius Martyr [4] (600) schildert den grossen Zusammenfluss von Pilgern am Feste Epiphaniae am Jordan, sowie auch die Ceremonienfeier daselbst; er spricht von diesem Kloster folgendes:

---

1) Epitaphium S. Paulæ.
2) Itinerar.
3) De Aedif. Justin. V. 9.
4) Itin. Anton. M. apud Migne Patr.

„Non multum longe a Jordane, ubi baptizatus est Dominus, est monasterium S. Joannis valde magnum, in quo sunt xenodochia duo". Derselbe erwähnt ausser diesem Kloster noch einer Taufkapelle, welche im Flusse selbst stand, sowie eines hölzernen Kreuzes, das mitten im Strome stand und zu dem ein Bogengang hinführte. Adamnanus [1] berichtet hierüber nach der Erzählung des Arculfus (697) folgendes: „in superioribus vero locis (der Taufstelle) quoddam inest grande monachorum monasterium, quod supra descriptæ (der Taufkapelle im Flusse) supereminet Ecclesiæ in supercilie monticuli e regione constructum, ibidemque et ecclesia in honore S. Joannis Baptistæ fundata eodem monasterii circumdatur muro quadratis constructo lapidibus". S. Willibaldus [2] J. 725 beschreibt nichtminder das Kloster: „noctem manebant ad monasterium S. Joannis Bapt. et inde ibant super unum milliarium ad Jordanem, ubi Dominus fuit baptizatus"; er erwähnt dann in Uebereinstimmung mit Arculf und Beda Venerab. [3] einer Taufkapelle im Flusse auf Steinpilastern, dabei sei ein Holzkreuz, und ein Seil sei bis zum andern Ufer hinübergespannt, an welchem sich Kranke jeder Art, ja selbst unfruchtbare Weiber in den Fluss hinabliessen, Heilung erwartend. Nach dem Berichte des russischen Abtes Daniel [4] der von 1113-1115 in Palaestina verweilte, lag gegenüber der S. Johannes Kirche am östlichen Ufer des Jordan auf einem Hügel eine kleine Kapelle über dem Orte erbaut, wo Christus getauft wurde. Bernhard der Mönch [5] sagt, dass es ausser dem Johannes-Kloster noch viele andere in der Ebene gebe,

---

[1] De situ Terr. S.
[2] Vita seu Hodoeporicon
[3] De locis. s. l II c. 13.
[4] Pelerinage en Terr. S. par Abraham de Noroff Petersbg. 1864, S. 48.
[5] Itinerar.

„ad postremum XXX milliariis ab Jerusalem est Jordanis ad orientem, super quem est monasterium S. Joannis B., in quibus locis quoque multa consistunt monasteria". Der Mönch Phocas [1] (1185) erzählt, dass dieses Kloster durch ein Erdbeben zerstört, vom griechischen Kaiser Manuel Comnenus aber wieder aufgebaut worden sei. Fetellus [2] (1152-1157) sagt: „Prope Jordanem est Ecclesia S. Joannis B., ubi sunt monachi graeci Deo servientes ferme viginti; non longe etiam ab ipso loco, ubi Dominus baptizatus est, est mare mortuum, ubi deficit flumen Jordanis". Willibrand von Oldenburg [3] (1212) fand die Taufkapelle schon in Ruinen, das Kloster aber war noch gut erhalten. Der Mönch Brocard [4] (1283) erwähnt 2 Leuken von Jericho einer Kapelle, „ubi creditur Salvator fuisse baptizatus"; auch John Maundeville [5] (1320—1355) erwähnt einer schönen Johannis Kirche an dem Orte, wo Christus getauft wurde. Rudolph von Suchem fand das Kloster noch von griechischen Mönchen bewohnt, während am Ende des 15. Jahrhundertes H. Tuchert [6] und Bernhard von Breydenbach [7] nur noch Ruinen vorfanden. Fel. Fabri [8] (1483) fand von der Taufkapelle keine Spur mehr; die Altäre der Johannis Kirche waren zerstört, ja die Kirche selbst kaum mehr zu erkennen. Obgleich seit dieser Zeit das Kloster und die Kirche des heil. Johannes am Jordan sich bis auf unsere Tage nicht mehr aus den Ruinen erhoben haben, so wurde dennoch in Folgezeit

---

1) De. loc. s. Symmicta de situ Jerus. et loc. s.
2) Manuscrpt. Vogüe Les eglises S. 414.
3) Itinerar. Terr. s.
4) L. T. s. Descriptio c. 7. § 30.
5) Voyage et Travalle.
6) „Reyssbeschreibung"
7) Itinerar.
8) Evagat. Stuttgart 1649.

auch diese Stelle besucht, obgleich zugegeben werden muss, dass man seit dem 16. Jahrhunderte schon zum jetzigen Badeplatze ging, denn Bonifacius[1] sagt: „inde (ex Jordane) surgentes pergimus ad occidentem; ad meridiem aliquantulum declinando ad 2 milliaria occurrit nobis ecclesia ab Helena matre fabricata super ripam Jordanis, supra quam Joannes stabat, quando Christum baptizavit." Oben angegebene Richtung und Entfernung entspricht ganz der heutigen Badestelle, da ja die Ruinen des Joannesklosters vom Jordan nur $^1/_4$ milliarium entfernt sind (nach Quaresmius). Diese Ruinen wurden besucht von Bernardin Surius[2] (1644-47), von Roger[3] (1664), Michael Nau[4] (1674), von Henry Maundrell[5] (1697), von A. Morinson[6] (2697) und vielen andern. Leider wurde dieser Ort in der Neuzeit ganz ausser Acht gelassen, da die meisten Pilger von Jericho den directen Weg zur Badestelle am Jordan nehmen. Von diesem S. Johannis Kloster ist noch ein altes Oelgemälde, der hl. Johannes B. mit ernster Miene und mit Flügeln zugleich mit der Überschrift „'Ο ἅγιος Ἰωαννης πρόδρομος", in der griechischen S. Johannes Kirche in Jerusalem aufbewahrt, wohin es nach der Zerstörung des Klosters am Jordan gebracht wurde.

Wir besitzen demnach in den Ruinen des Johannes Klosters einen Ort, den uns gewiss eine alte und ununterbrochene Tradition angibt, wo wir die Taufstelle Jesu Christi zu suchen haben, nämlich im Jordan unmittelbar unterhalb des Kasr el Jehud, nicht aber an der heutigen Badestelle

---

1) Lib. de perenni cult. T. a.
2) Le pieux pélerin. Brussel 1666.
3) La Terr. s. Paris 1664 p. 175.
4) Voyage nouveau Par. 1079.
5) Journey from Aleppo Oxford 1703.
6) Relation historique d'un voyage. Toul 1704.

der Pilger. Da nun aber derselbe Ort auch als Übergang der Israeliten verbürgt wird, so ist er von um so grössern Interesse, weil er zur Fixirung anderer Örtlichkeiten dienen kann, wie wir gleich sehen werden.

Als die Israeliten unter Josua (III. 17) Jericho gegenüber trockenen Fusses den Jordan überschritten hatten, lagerten sie sich zu Galgala an der Ostseite der Stadt Jericho und richteten daselbst zum ewigen Denkmal 12 Steine auf (Jos. IV. 19 20.) Galgala ist schon deshalb für die biblische Geographie eine wichtige Localität, weil seine Lage sowohl für die Lage der alten Stadt Jericho, als auch für die Feststellung des Uebergangspunctes der Israeliten einen wichtigen Auschlag geben würde. Schon Robinson [1] hatte sich von Riha aus nach Galgala umgesehen, aber seiner Meinung nach die entschiedene Gewissheit erlangt, dass weder von seinem Namen noch seiner Lage eine Spur übrig sei. Diese Meinung war mir lange Zeit schon bedenklich, und zwar desshalb, weil dieser Ort von den Pilgern früherer Jahrhunderte so oft erwähnt und geschildert wurde. Nichts desto weniger sprach Robinson die Vermuthung aus, dass die $\frac{1}{2}$ Stunde südlich vom heutigen Kastelle zu Riha gefundenen Ruinen vielleicht das Gilgal seien. Ich war bei der Forschung nach Galgala glüklicher und behaupte, dass sowohl der Name als auch die Ortslage noch bis auf den heutigen Tag bekannt sind. Da die Israeliten zwischen Jordan und Jericho und zwar an der östlichen Seite von Jericho (Jos. IV. 19) zu Galgal ihr Lager aufschlugen, so ist es kein Zweifel, dass man Galgal an der Ostseite des alten Jericho suchen müsse, nicht aber, wie Robinson meint an der Südseite. Die oben von ihm bezeichneten Ruinen sind, wie er selbst meint, nichts anderes als Ueberreste von einem

---

[1] Palaest. l. c. II. 515.

der Klöster, deren Phocas[1] und Bernard*l. c. in der Jordansebene erwähnen, oder gar vielleicht das Chrysostomus-Kloster, das von Daniel[2] als 2 Werst von Jericho entfernt geschildert wird.

Bei meiner dritten Excursion am 4. Jänner 1866 besuchte ich diese Stelle, welche 15-20 Minuten südlich vom heutigen Riha entfernt ist; es ist ein kleiner Hügel, auf dem man Grundmauern von gehauenen Steinen, sowie auch 2 noch gut erhaltene Cisternen antrifft. Demselben gegenüber sind auf einer kleinen Anhöhe noch andere Ueberreste von alten Bauwerken und Grundmauern. Dieser Ort ist unter dem Namen مغينل Mghefel bekannt. —

Wir verliessen um 3 U. 35 Minuten die Ruinen von Kasr el Jehud und da wir uns entschieden nach Westen wandten, bemerkten wir bald einen Aquädukt, der von Ain Diuk herkam und ohne Zweifel das Wasser nach Kasr el Jehud leitete, sowie der oben erwähnte Aquäduct einst südlich nach Kasr el Hadschla ging. Schon früher hatte ich in Riha nach Gilgala gefragt und dieses Wort in verschiedenen Formen ausgesprochen, welche nach meiner Meinung die arabische Ableitung zuliessen, endlich bemerkte unser Scheich Achsein, dass er einen kleinen Hügel kenne, der Dscheldschul heisse. Um 4 U. 30 M. langten wir wirklich bei einem ganz niedrigen unscheinbaren Hügel an, der uns als Tell-Dscheldschul تل جلجول bezeichnet wurde. Es ist bekannt, dass an der Stelle des ג der Hebräer und Syrer, sowie des γ der Griechen, sehr häufig im Arabischen ج gebraucht wird. So ist Γολγοθα identisch mit ܓܓܘܠܬܐ der Syrer und جلجثة der

---

1) Phocas de loc. s. S 22-24
2) L. c. S 55.

Araber. Legt man nun einen gleichen Maasstab an גִּלְגָּל, so ist جلجل hinreichend gerechtfertigt und somit identisch mit Gilgal oder Galgala. Dieser unscheinbare Hügel von Galgala liegt an der nördlichen Seite des Wady Kelt, welcher hart an der Südseite vorüber geht und nördlich vom Kasr Hadschla, das ungefähr S 15° O. liegt. Ringsum den Hügel bemerkt man Spuren einer Mauer aus unbehauenen Kalk-oder Feuersteinen, oben am Tell liegt ein Haufen Steine. Etwa 80 Schritte gegen NNO davon entfernt befindet sich eine zweite flache Erhöhung mit Spuren von Mauern und vielen weissen Mosaikwürfeln; die daselbst vorgenommenen Winkelmessungen geben folgendes Resultat: Riha und Ain el Sultan 12°, Kasr el Hadschla und Ras Ain Dschiddy 12° 40′, Ain el Sultan und Kren Sartabeh 56° Galgala spielte in der alttestamentlichen Geschichte eine zu bedeutende Rolle, als dass wir dasselbe übergehen könnten. Zunächst muss bemerkt werden, dass zwei Gilgal zu unterscheiden sind: das erste in der Umgegend von Jericho, das zweite in der Nähe von Bethel, welches Jos. XII. 23. als Sitz eines kanaitischen Königs erwähnt wird, womit auch Eusebius und Hieronymus übereinstimmen, wenn sie sagen (Onomast): „Ἀλλοίς ἔοικεν εἶναι Γάλγαλα τὴν περὶ Βαιθήλ". Es ist dies vielleicht das Dorf Γαλγουλῆς, welches zur Zeit des Hieronymus im sechsten Meilensteine nördlich von Antipatris gelegen und dessen Name und Lage im heutigen Dscheldschilia, einem Dorfe zwischen Dschifna und Sindschil, erhalten ist [1]. Wir beschäftigen uns hier jedoch ausschliesslich mit dem Erstern. Aus dem Buche Josua wissen wir, dass die Israeliten wunderbarer Weise trockenen Fusses über den Jordan Jericho gegenüber (Jos. III. 17) zogen und sich zu Galgala „contra orientalem

---

1) Rob. Pal. III. 3. S. 299.

plagam urbis Jericho" lagerten (IV. 19); daselbst wurden
die 12 Steine aus dem Bette des Jordan zum beständigen
Denkmal dieses Wunders aufgerichtet v. 20 seqq. Die hohe
religiöse Bedeutung dieser Localität gewann noch durch die
erste Paschafeier und das erste Beschneidungsfest des während
der Jrrsale in der Wüste gebornen Volkes im Lager
zu Galgal Jos. X. 3. Durch die Beschneidung war das
verworfene Jsrael wieder in den Bund mit Jehova aufgenommen
und konnte somit die in der Wüste unterlassene Paschafeier
zum ersten Male wieder vornehmen; Josue nannte den
Ort der Beschneidung Galgala (V. 9) d. i. devolutio. Es ist
also keineswegs unwahrscheinlich, dass diess Galgala beim
Einzuge Israels unter Josua keine Stadt, ja überhaupt kein
bewohnter Ort war, denn Jericho war ja die erste Stadt,
welche in Chanaan in ihre Hände fiel, dazu heisst es: „vocatumque
est nomen loci illius Galgala" d. i. devolutio, dessen
Bedeutung Josua selbst angibt, wenn er sagt (l. c.):
„hodie enim abstuli opprobrium Aegypti a vobis", dann gebraucht
Josua das Wort מָקוֹם, welches weder Stadt noch
Dorf, sondern einfach jeden Ort bezeichnet, auch wäre es
nicht zu begreifen, wie 40,000 Bewaffnete, Frauen und Kinder
nicht eingerechnet, sich in einem kleinen Orte hätten lagern
können. Ferner ist nicht zu übersehen, dass sie v. 10
„in Galgalis", „in campestribus Jericho" das Paschafest feierten,
dass sie vom Jordan aus „per plana et campestria urbis
Jericho" zogen (IV. 13) und dass Josua „in agro urbis Jericho"
die Erscheinung des Engels hatte (V. 13). Galgala ist im
Buche Josua blos als Lagerplatz benannt, so „in castris Galgalae"
IX. 6, „in castris apud Galgalam" X. 6, 15 etc. Wenn
demnach Josua schon IV. 20 erwähnt, dass sie die 12 Steine
in Galgala aufgerichtet und daselbst das Lager aufge-

schlagen haben, so geschieht das per anticipationem [1], denn später wurde hier eine Stadt erbaut, wie unten klar werden wird. גִּלְגָּל ist daher von גָּלַל (volvere) abzuleiten, welches dem Arabischen جَلَّ entspricht, obgleich Theodorus qu. 8. in lib. Jos. dies Wort von גָּלָה liberare ableitet und mit libertas übersetzt.[2] Hier hörte auch die Mannaspeisung auf, denn sie assen von den Früchten des Landes V. 12. Vom Lager zu Galgal aus wurde die feste Kanaaniterstadt Jericho, der Schlüssel zum übrigen Lande, erobert; endlich kam von dort der Engel des Herrn zum Orte der Weinenden Richt. II. 1. Solche wichtige Vorgänge und heilige Erinnerungen, welche sich für Israel an den Lagerplatz zu Galgal knüpften, weihten diesen Boden für alle Zukunft: kein Wunder, wenn bald hier eine Stadt gegründet wurde. Auf diesem Boden sprossten die Prophetenschulen hervor, wo Samuel gleich wie in Mizpa und Bethel seinen Richterstuhl aufgeschlagen hatte I. Kön. VII. 16., alljährlich das Volk richtete und dem Herrn Opfer brachte X. 8, 10. Hier wurde Saul feierlich zum Könige gewählt I Kön. XI. 14, 15, in welcher Zeit Galgala bereits zur Stadt sich erhoben hatte, denn Josephus Flavius[3] erwähnt, (Antiq. VI. 54.), dass Saul in der Stadt Galgala „ἐν πόλει Γάλγαλ" zum Könige gesalbt worden sei; dessgleichen Ant. VI. 6. 1. und VI. 7.; hier blieb auch die Stiftshütte Jos. IV. und V., bis sie nach Silo übertragen wurde, Jos. XVIII. 1. Von hier ging die Prophetenstrasse nach Bethel, auf welcher Elias und Elisaeus und die Kinder der Prophetenschulen einander entgegenzogen, ihre Meister zu empfangen. 1. Kön. VII. 15. 4. Kön. II. 2.

---

1) Robins. II. S. 532 u. Quaresm. Elucid. Terr. s. II. p. 749 29.
2) Reland. Palaest. pag. 782.
3) Flav. Jos. op. graec. et lat. ed. Havercamp. 1726.

Als der flüchtige David aus dem Ostjordanlande zurükkehrte, kam ganz Juda ihm bis Galgala entgegen II. Kön. XIX. 15. 40. Einer Prophetenschule daselbst wird noch IV. Kön. IV. 38 erwähnt. Wenn wir daher zu den Zeiten der spätern Propheten hier den Götzendienst antreffen, so darf dies nicht Wunder nehmen, schien es ja, als habe Israel bei seinem häufigen Abfalle zum Götzendienste immer die geheiligsten Orte dazu erwählt; hier wurden demnach Stiere aufgerichtet Hos. IV. 15, IX. 15, XII. 11; dessgleichen Amos IV. 4. V. 5. Davon geschieht auch Erwähnung im Chronicon Paschale S. 161, welches Reland [1] anführt. Seitdem erfahren wir nichts mehr von Galgala, selbst nicht nach dem Exil, wenn man nicht darunter Gilgal Nehem. XII. 29 verstehen will, aus welchem die Sänger zur Einweihung der neuen Stadt nach Jerusalem kamen. Das Galgal 1. Makk. IX. 2, scheint für Galilaea oder einen Ort in Galilaea zu stehen, da Arbela, wo das syrische Heer sich lagerte, nach Josephus [2] ein Ort in Galilaea nicht weit von Sepphoris war. Welche Schiksale Gilgal getroffen haben mögen, ist uns nicht bekannt, nur das wissen wir, dass es zur Zeit Hieronymus ein verlassener Ort war, dessen Lage jedoch allen bekannt war; denn er schreibt: [3] „ad orientalem plagam antiquae Jericho cis Jordanem est Galgal. Cecidit autem in sortem tribus Judæ et ostenditur usque hodie locus desertus in secundo Jericho milliario ab illius regionis mortalibus miro cultu habitus" Es mochte dies auch daher kommen, dass die 12 Steine, welche Josua als Denkmal in Galgal hatte aufrichten lassen, zu jener Zeit dort noch vorhanden waren, denn der

---

[1] Palaest. S. 783.
[2] Ant. XII. 18.
[3] Onom. art. Gilg.

hl. Hieronymus berichtet davon im Epitaphio S. Paulæ: „intuita est Galgalae castra et acervum præputiorum et secundæ circumcisionis mysterium et duodecim lapides" „Acervus præputiorum wurde nachher der Hügel genannt, an dem die Beschneidung stattfand Jos. V. 3, was auch Eusebius [1]) bestätigt. „Βουνός ἀκροβυστιῶν τόπος ἐν Γαλγάλοις" Antonius Martyr sah (600) nicht weit von Jericho die 12 Steine in einer Basilika hinter dem Altare. Arculf traf an dem Orte, wo Israel die 12 Steine errichtet und das Lager aufgeschlagen hatte, eine grosse Kirche; die Steine waren so gross, dass 2 Männer kaum je einen hätten tragen können. Dieser Ort Gilgal sei an der Ostseite des alten Jericho, diesseits des Jordan „in sorte tribus Juda in V. Milliario a Jericho".

Auch zu Willibalds Zeit bewunderte man noch diese Steine zu Gilgal, die Kirche jedoch war klein, denn es heist „Ecclesia est lignea et non magna, illuc sunt 12 lapides, quos tulerunt filii Israel de Jordane et portaverunt ad Galgala supra unum milliarium". Diese Kirche stand noch in der Kreuzfahrerzeit, denn Daniel [2]) sah sie noch; von demselben erfahren wir auch, dsss sie mit einem Convente in Verbindung stand, der dem Erzengel Michael geweiht war, weil auf demselben Orte erbaut, wo Josua die Erscheinung des Engels hatte. (Jos V. 3 sqq.) Auch sah er noch die 12 Steine in dieser Kirche, der ganze Ort hiess Galgaim (Galgal) und war oestlich 1 Werst entfernt vom heutigen Jericho. Die Kirche wurde dann zerstört, da sie nicht mehr erwähnt wird, die grossen Steine warscheinlich zu andern Bauten verwendet. Jedoch der Name hat sich stets erhalten, denn Brocard (l. c.) schreibt: „vocatumque est nomen illius Galgala usque

---

1) Onom. Βουνός.
2) l. c. 655 sq.

in praesentem diem". Dessgleichen Fabri [1]; dieser kam vom Jordan durch die Gefilde Jerichos nach Galgala: „de ista ecclesia nos ruinas non poteramus considerare, locum tamen vidimus et procidentes humum sanctum deosculati sumus." In früherer Zeit überhaupt nahm man den Weg von Jericho an den Jordan, oder aber zurück über Galgala; so: Fabri, Bernardinus Surius [2], Quaresmius [3]. Roger sagt sogar, dass seiner Zeit 1664 daselbst ein kleines Dorf war: „a trois quarts de lieue de Jericho vers l'Orient il y a un village, que les Arabes nomment Gilgal et a demi lieu ou environ de Galgal se voyent quelques pierres de Gilgal; il y a deux lieux jusque au lieu, ou les enfans de Israel passerent le Jourdain." Es unterliegt demnach keinem Zweifel mehr, dass Gilgal bis in die neue Zeit herauf bekannt war, es frägt sich nur noch um die genaue Fixirung seiner Lage. Aus dem Berichte des Josua IV. 19. wissen wir, dass sich die Israeliten, als sie den Jordan überschritten hatten, zu Galgala an der Ostseite der Stadt Jericho gelagert haben. Josephus Flavius schreibt ferner [4], dass der Lagerplatz Galgala 50 Stadien vom Jordan und 10 von Jericho entfernt sei: „illi vero quinquaginta Stadia progressi castra decem stadiis a Jerichunte locant". Eusebius [5] schreibt hierüber: „Γάλγαλα πρὸς ἡλίου ἀνατολαῖς τῆς πάλαι Ἰεριχώ εἴσω τοῦ Ἰορδάνου"; dessgleichen ad Γολγων: „ἤδη Γάλγαλα τόπος ἐστὶ τῆς Ἰεριχοῦς" und ad Βουνος: „βουνὸς ἀκροβυστιῶν τόπος ἐν Γαλγάλοις - ὡς ἀπὸ δύο σημείων Ἰεριχοῦς" übereinstimmend mit Hieronymus: „Galgala ad orientalem plagam antiquae Jericho cis Jordanem in secundo

---

1) Evagator. Stuttg. 1849.
2) Le pieux peler.
3) L. c. II d. 719
4) Antiq. V. I, 4, 11.
5) Onomast. Γάλγαλα

Jericho milliario". Dasselbe Procop von Gaza bei Reland [1]. Die heil. Paula kam von Jericho zuerst nach Galgala und dann an die Taufstelle Christi. Nach Adamnanus liegt Galgala an der Ostseite des alten Jericho diesseits des Jordan 5 Milliarien von Jericho; dagegen sagt Antoninus Martyr, dass die Basilika in Galgal mit den 12 Steinen nicht weit von Jericho sei. Nach Willibald trugen die Israeliten die 12 Steine nach Galgal „super unum milliarium" (sc. a Jordane). Brocard bestimmt die Lage also: „Ex Galgala ad dimidiam leucam tendendo in Jericho ad dextram juxta viam est mons dictus Quarantania; --- e Galgala contra Orientem distat leuca una Jerico". Nach Roger liegt Galgal ³/₄ Leuca oestlich von Jericho und von da bis zur Uebergangsstelle der Israeliten im Jordan sind 2 Leuca.

Daraus erhellt nun, dass die Entfernungs-Bestimmungen nicht überall gleich sind, wass daher kommt, dass Jeder das Mass nach Schätzung angab, wodurch nothwendiger Weise Differenzen entstehen mussten.

Nach Flavius lag Alt-Jericho 60 Stadien vom Jordan; da nun die ganze Ebene hier nicht breiter als 60 Stadien oder 3 Stunden ist, so müssen wir demnach annehmen, dass dasselbe ganz nahe am Fusse der Berge gelegen gewesen sei; darin nun stimmen alle überein, dass Galgala näher gegen Jericho zu gelegen sei (die Entfernungsangabe Gilgala's vom Jordan bei Josephus, nämlich 50 Stad. dürfte jedoch zu hoch sein) und zwar an der Ostseite von Alt-Jericho. Vergleicht man nun alle diese Angaben von Gilgala mit der Lage von Tell Dscheldschul, so ergibt sich daraus die Identität beider von selbst. Benannter Hügel liegt in gleicher Linie mit dem Übergangspunkte der Israeliten oder Kasr el Jehud und Alt-Jericho an

---

1) Palaest. S. 504.

der Quelle el Sultan und somit an der Ostseite der Stadt Jericho; ferner in der Mitte des Weges in der Ebene, was ganz gut zum Lagerplatze der Israeliten stimmt; ferner auf dem Wege von Riha nach Kasr el Jehud, den in früherer Zeit alle Pilger nahmen, welche Galgala erwähnen. Da wir von Kasr el Jehud bis zum Tell Dscheldschul $^3/_4$ Stunde brauchten, so ist die Entfernung Gilgalas vom Jordan auf 1 $^1/_4$ St. und von Riha auf $^3/_4$ bis 1 St. anzusetzen. Dieser Tell liegt ferner hart an der Nordseite des Wady Kelt ganz in Übereinstimmung mit Brocard, der sagt, dass die Elisaeusquelle an der Südseite von Galgala vorüber fliesse: „fontes Elisaei aquæ fluunt juxta locum Galgala a parte australi"; es ist nämlich zu bemerken, dass das Wasser der Elisaeusquelle bei Riha in den Wady Kelt fliesse. Dasselbe bestätigt Marinus Sanutus [1]: „Subtus Quarantaniam ad duos jactus sagittæ oritur fons Elisaei, quem sanavit; fluit autem circa Galgalam a parte australi et impellit ibi magna molendina et postea divisus in rivos plures, rigat hortos et fluit postea in Jordanem". Die oben angeführten Grundmauern dürften von der einst hier erbauten Kirche herrühren. Ist demnach durch die oben angeführten Angaben die Identität von Tell Dscheldschul und Gilgal ausser Zweifel gestellt, so kommen zur Erhärtung derselben noch folgende nähere Bestimmungen hinzu.

Galgal lag an der Gränze zwischen Juda und Benjamin; die Grenze ging nach Josue XV. 5-8 und XVIII. 17-20 „von Bethhaglia nördlich gegen Beth-Araba und steigt hinauf an den Stein Boens und streckt sich bis nach Debera vom Thale Achor an und zieht sich nordwärts gegenüber von Galgala, welches der Anhöhe Adommim gegenüber ist, südlich vom Bache etc." Nach dem hebräischen Texte kommt wörtlich

---

[1] Secreta fidei pag. 247.

also zu übersetzen: „(terminus ascendit) ex valle Akor et septentrionem versus spectans ad Galgala, quæ versus (faciem) locum Adommim sita est, qui ex austro torrentis est etc." Da Kasr el Hadschla von Tell Gilgal ungefähr S. 10° O. liegt, war mithin Gilgal nördlich von Bethhaglia, was genau zur obigen Grenzangabe stimmt. Gilgal liegt ferner der Höhe Adommim gegenüber. Auch dieser Ort ist uns bis heute noch erhalten. Schon Eusebius und Hieronymus schreiben im Onomastikon: „Adommim quondam villula nunc ruinæ in sorte tribus Judæ, qui locus usque hodie vocatur Maledomim (græce dicitur ἀνάβασις πύρρων i. e. ascensus ruforum seu rubentium propter sanguinem, qui illic crebro a latronibus funditur) descendentibus ab Aelia Jerichuntem, ubi et castellum militum situm est ob auxilia viatorum." Auch die heil. Paula (Epitaph.) kam auf ihrer Pilgerfahrt bei Adommim vorüber. Derselben Höhe gedenkt das „Reyssbuch" unter dem Namen „zum rothen Erdreich". Desgleichen Morinson [1]. Adommim אֲדֻמִּים wird demnach abgeleitet von אָדַם roth. Schon Schultz hat auf seiner Excursion 1837 auf die Burgruinen nördlich von der Strasse von Jerusalem nach Jericho in der Nähe des Khan Hadrur Kalaat ed-dam als identisch mit Adommim hingewiesen. Diese Höhe ist wirklich heute noch unter dem Namen تلعت الدم Talaat-ed-dam (Höhe des Blutes) bekannt, was ganz dem Hebräischen מַעֲלֵה אֲדֻמִּים (Höhe von Adummim) entspricht. Dieselbe liegt südlich vom Bache Kelt und somit ganz entsprechend Jos. XV. 7. „Adommim ab australi parte torrentis". Es ist diess die Ruine, welche 5 Minuten oberhalb des Khanes Hadrur liegt und welche man schon von Weitem bemerkt. Dass dies einst ein befestigter Ort war,

---

[1] Relation histor. Toul. 1704 C. II. cp. 30.

geht schon daraus hervor, dass bis heute noch der grosse Umwallungsgraben sichtbar ist. Auch der Umstand, dass in der umliegenden Gegend durch Eisenoxyd lebhaft roth gefärbter Kalkstein zu Tage steht, mag zur Benennung des Ortes beigetragen haben.

Da ferner Tell Dscheldschul ihr östlich gegenüber liegt und man derselben daselbst auch ansichtig wird, so ist nebst dem Namen auch die Lage beider ausser Zweifel gestellt.

Die Wiederauffindung von Gilgal ist in doppelter Beziehung wichtig: einmal dient sie uns zur genauen Fixirung des Übergangspunktes der Israeliten unter Josua, andererseits als Wegweiser zum alten Jericho, der von Josua eroberten Kanaaniter-Stadt. Da die Israeliten an der Ostseite von Jericho (Jericho gegenüber) den Jordan überschritten (Jos. III. 17.) und sich zu Galgala an der östlichen Seite Jericho's lagerten (IV. 19), so ist es klar, dass sie dahin den nächsten und directen Weg eingeschlagen haben; nun liegt Kasr el Jehud entschieden östlich von Tell Dscheldschul, mithin folgt, dass man der alten Tradition, welche den Übergangspunkt unterhalb des Kasr el Jehud ansetzt, unbedingt folgen kann; damit steht ohne Zweifel auch der jetzige arabische Name Kasr el Jehud „das Judenkastell" in Verbindung. Das Verhältniss Gilgals zu Jericho wird bald näher bekannt werden.

Indem wir von Gilgal nach Riha weiter zogen, bemerkten wir 20 Minuten nordwestlich von Tell Dscheldschul abseits des Weges Ruinen und zwar einen grossen vierekigen Teich und nördlich davon einige Schritte entfernt nicht unbedeutende Ruinen; man nannte sie uns خربت الإذلة Chörbet el-Edsle. Von da erreichten wir in 25 Minuten Riha und in weitern 20 Minuten unsern Lagerplatz an der Elisaeusquelle. Da Jericho in nächster Beziehung zu Galgala steht, so dürfte es nicht uninteressant sein, eine Untersuchung über dessen Lage anzustellen, um so mehr, da die Meinungen hierüber so sehr divergiren. Letzterer Umstand kommt vorzüglich daher, dass Jericho einigemale seine Lage geändert hat. Schon im Deuteron. XXXII. 49, XXXIV. 1 wird Nebo und das Gebirge Abarim im Lande Moab Jericho gegenüber liegend erwähnt. Nach Num. XXII. 1 lagerten sich die Israeliten in den Gefilden Moabs, Jericho gegenüber cf. Jos. XIII. 32. Vom Thale Sittim in Arbot Moab d. i. Acacien-Aue am Ostufer des Jordan (Num. XXV. 1, Jos. II. 1) Jericho gegenüber (Num. XXXIII. 48, 49) sandte Josue Kundschafter über den Jordan nach Jericho. Gegenüber der Furth El Moktaa, welche schon Jos. II. 7 erwähnt wird, im Osten von Kasr el Jehud und gegenüber von Galgala liegt eine grosse weite Einbuchtung, fast Ebene zu nennen, an der Ausmündung des Wady Hesbon, ohne Zweifel die Arbot Moab, da keine andere bessere Lagerstätte jenseits des Jordan für die Israeliten gefunden werden kann; dient ja heutzutage noch diese Furth den Arabern, um über den Jordan zu gelangen. Da nun die Gefilde Moab mit der Furth bei Kasr el Jehud und Tell Dscheldschul in einer Linie von Ost nach West zu liegen kommen, so wird Jericho, weil es als gegenüber liegend und zwar an der Westseite von Galgala (Jos. IV. 19) erwähnt wird, nicht schwer aufzufinden sein; es wird in der verlängerten Linie der oben erwähnten Localitäten liegen, wobei wir gegen Ain el-Sultan hingeleitet werden. Da nun Josephus Flavius Jericho 60 Stadien vom Jordan (Antiq. V. 1.) entfernt sein lässt, so haben wir nach obigem Standpunkte die alte Kanaaniterstadt Jericho an den Fuss der westlichen Gebirgskette der Jordansau zu versetzen. Dass übrigens das Gebirge nicht weit von der Stadtmauer lag, geht daraus hervor, dass Rahab den Kundschaftern den Rath ertheilte, schnell auf das Gebirge zu eilen (Jos. II. 16), was sie auch befolgten; denn es heisst:

„et ambulantes venerunt ad montana" Jos. II. 22. Nach dem Hebräischen kommt wörtlich zu übersetzen: „discedendo venerunt in montana." Alt-Jericho lag mithin nahe am Fusse des Gebirges und zwar sehr nahe an der Quelle Ain el-Sultan nach dem Berichte des Josephus, der B. Jud. IV. 8, 3 sagt, dass diese Quelle neben der Stadt zu Tage trete (παρὰ τὴν παλαιὰν πόλιν). Josue zerstörte die Stadt von Grund aus (Jos. VI. 24, und Jos. Flav. Ant. V. 1, 7). Ungeachtet des Fluches, den Josue über den Wiederaufbauer ausprach (Jos. VI. 26), scheint dennoch Jericho sich aus den Trümmern wieder erhoben zu haben, denn Jericho wird neben Bethhaglia als Stadt im Stamme Benjamin angeführt (Jos. XVIII. 21), dessgleichen bei den Grenzbestimmungen Jos. XVI. 1, 7 und XVIII. 12, 19. Aus der Palmenstadt ziehen die Söhne des Ciniters mit den Söhnen Judas in die Wüste, Richt. I. 26, der Moabiterkönig Eglon nahm Jericho wieder in Besitz, Richt. III. 13, auch scheint es, als habe das dem Herrn ungehorsame Volk die Stadt gemeinschaftlich mit den übrigen kanaanitischen Völkern bewohnt. Wir müssen demnach annehmen, dass die Stadt Jericho nicht auf derselben Stelle, sondern in der Nähe aufgebaut wurde, um so dem Fluche zu entgehen, der den Wiederaufbauer treffen sollte: אֲשֶׁר יָקוּם וּבָנָה אֶת־הָעִיר הַזֹּאת אֶת־יְרִיחוֹ, oder aber die Worte sind so zu verstehen, dass der Fluch jenen treffen sollte, der Jericho eigentlich befestigt oder mit Mauern umgibt, was die Worte קוּם und בָּנָה auch bezeichnen können. Unter David mussten seine Abgeordneten so lange in Jericho verbleiben, bis ihnen die halbgeschornen Bärte wieder gewachsen waren II. Kön. X. 5. Zu Achabs Zeit baute Hiel von Bethel Jericho wieder auf, wesshalb auch der von

Josue angedrohte Fluch an seinen Söhnen in Erfüllung ging, III. Kön. XVI. 34. Es musste demnach das nach der ersten Zerstörung erwähnte Jericho bloss klein gewesen sein, oder aber das Erbauen des Hiel muss im Sinne von „mit Mauern umgeben, befestigen etc" verstanden werden. Nach IV. Kön. II. 18 war Jericho eine schöne Stadt, allein sie hatte schlechtes Wasser. Die Propheten Elias und Elisaeus wohnten daselbst einige Zeit, auch erhoben sich dort die Prophetenschulen IV. Kön. II. 4, 5, 15, 18. Auf den Rath des Propheten Oded wurden die gefangenen Juden von Samaria bis in die Palmenstadt von den Söhnen Jsrael geleitet II. Par. XXVIII. 15. Der letzte König von Juda Sedekias, welcher bei der Belagerung von Jerusalem durch Nabuchodonosor die Flucht ergriffen hatte, wurde bei Jericho von den Chaldäern eingeholt IV. Kön. XXV. 5. seqq. Aus dem Exile kehrten nach Esdr. II. 34, 345 Söhne von Jericho zurük, welche beim Aufbaue der Mauer von Jerusalem thätig waren Neh. III. 2. Da die Stadt Jericho der Schlüssel von Judäa gegen Nordosten zu war, so wurde unter den Makkabäern dasselbe mit Festungswerken umgeben I. Marc. IX. 50; Pompejus zog von Scythopolis dem Ghor entlang über Jericho nach Jerusalem Jos. Antiq. XIV. 4, 1 und zerstörte die zwei in der Nähe liegenden Kastelle Thrax und Tauros. (Strabo Geog. XVI. 2, 40). Herodes der Grosse plünderte zuerst die Stadt, schmückte sie aber dann aus und befestigte sie Antiq. XIV. 15, 3 und Antiq. XV. 4, 12. Oberhalb der Stadt baute er die Feste Cypros, sowie andere Paläste Antiq. XVI. 5, 2. Bell. J. I. 21, 4, 9, einen Circus XVII. 6, 5 und Bell. J. I. 33. 6. Hier starb er auch, nachdem er noch früher alle Vornehmen in den Circus hatte einsperren lassen Antiq. XVII, 6, 5; 7, 1, 2, und Bell. J. I. 33, 6-8. In diesem Jericho war es auch, wo Christus im Hause des Zachaeus einkehrte und den Blinden heilte.[1] Dieses hier erwähnte Jericho ist somit dasselbe, welches Hiel aufgebaut und das die Einwohner nach dem Exil wieder bezogen hatten, da nirgends von einer Zerstörung desselben berichtet wird. Wir können somit diese Stadt das zweite oder weil von Herodes verschönert, das Herodianische oder endlich, weil durch Christi Gegenwart geheiligt das neutestamentliche Jericho nennen, im Gegensatze zum ersten alten Jericho, der Kanaaniterstadt, welche von Josue zerstört wurde. Jericho ward später die Hauptstadt einer der Toparchien,[2] wohin Vespasian auf seinem Zuge von Jamnia über Neapolis und Korea kam[3]. Daselbst wurde auch ein Kastell errichtet[4] und in dasselbe die X. Legion als Besatzung gelegt, welche zum Titus ins Lager am Scopus kam[5]. Die nächste Erwähnung geschieht zur Zeit des Eusebius und Hieronymus, welche berichten, dass Jericho zur Zeit der Zerstörung Jerusalems von den Römern gleichfalls zerstört wurde, später aber wieder (nach einigen von Hadrian) aufgebaut worden sei. Robinson[6] zieht dies Factum in Zweifel, weil Jos. Flav. nichts erwähnt. Allein Eusebius und Hieronymus sind doch jedenfalls solche Zeugen, denen wir hierin vollen Glauben beimessen können, um so mehr, da Letzterer sagt:[7] „Jericho urbs, quam Josue subvertit, pro qua exstruxit aliam Ozam de Bethel, quam Dominus sua praesentia illustrare dignatus est. Sed et haec eo tempore, quo Jerusalem oppugnabatur a Romanis, destructa est. Pro qua tertia aedificata est civitas, quae usque hodie

---

1) Luc. XVIII. 35. XIX 1-7 Matth. XX 29. Marc. X. 46
2) Bell. Jud. III. 3, 5.
3) Bell. Jud. IV. 8, 1
4) B. Jud. IV. 9. 1.
5) Bell. J. V. 2, 3.
6) Pal. II. 549 Not. 6.
7) Onom. art. Jericho. —

permanet et ostenduntur utriusque urbis vestigia usque in præsentem diem".

Dieses Jericho ist es auch, dessen Epiphanius erwähnt, da er sagt, dass in Jericho im siebenten Jahre der Regierung des Caracalla (217 n. Chr.) in einigen thönernen Gefässen die fünfte griechische Ausgabe des A. T. gefunden worden sei, welche Origenes in seiner Hexapla verwendete.[1] Übrigens werden vom Jahre 325-536 fünf Bischöfe von Jericho erwähnt, welche als Suffragane dem Metropoliten von Caesarea maritima unterstanden;[2] 1) Januarius, welcher dem ersten Concil von Nicaea 325 beiwohnte; 2) Macer wird im II Concil 381 erwähnt, 3) Eleutherius wohnte der Synode Diospolitana 415 bei, 4) Johannes, der im synodischen Briefe des Johannes von Jerusalem an den Patriarchen von Constantinopel 518 unterschrieben ist: Ιωάννης ἐπίσκοπος Ἱεριχοῦντων; 5) Gregorius unterzeichnete in der Synode von Jerusalem die Verdammung des Anthimus. Ferner administrirte zu Ende des achten oder am Anfange des neunten Jahrhundertes die Kirche von Jericho Basilius.[3] Nach Procop[4] hatte Kaiser Justinian in Jericho ein Xenodochium errichtet, sowie eine Kirche der Gottesgebärerin erbaut. Beider erwähnt auch Antoninus Martyr l. c.; die Kirche heisst bei ihm Oratorium S. Mariae; vielleicht standen Beide in Beziehung zu dem Frauenstifte, dessen schon ums Jahr 457 in Jericho gedacht wird.[5] Nach Fretellus[6] stand diesem Xenodochium seiner Zeit der heil. Sabas vor, der auch daselbst einmal beim Mangel des

---

[1] Epiphan. Tom II. de pond. et mens.
[2] Le Quien Or. Christ III S. 654 sqq. cfr. Rel. Pal. 222.
[3] Bolland. n. 55 Tom. III. 13. Jul.
[4] de Aed. Justi. l V. c. 9.
[5] Act. Sanct. 8. Okt.
[6] Manuscr. Vogüé Les egl. Par. 1860

Weines denselben auf wunderbare Weise herbeischaffte. Während der Pilger von Bordeaux das Haus der Rahab (oder vielmehr den Platz, wo dasselbe stand) in Alt-Jericho noch sah und in Neu-Jericho die Sycomore, welche Zachäus bestiegen hatte und welche nach Antoninus M. in einem Oratorium eingeschlossen war („quæ arbor infra Oratorium inclusa est et per tectum desuper sicca videtur"), bemerkte Arculf bloss noch Trümmer des Hauses der Rahab und Willibald spricht bloss von der Quelle. Zur Zeit der Kreuzzüge scheint Jericho wieder den alten Ruf erlangt zu haben; denn nach Epiphanius wird um das Jahr 1170 eine Kirche zur hh. Dreifaltigkeit, sowie ein hier erbautes Schloss angeführt. Besonders scheinen die Gärten Jericho's sehr einträglich gewesen zu sein, denn nach dem Berichte des Wilhelm von Tyrus[1] hatte der Patriarch Arculf das zum Besitze des heil. Grabes gehörende Gebiet von Jericho mit jährlichen Einkünften von 5000 Goldstüken an seine Nichte verschenkt, bis endlich im Jahre 1138 Jericho sammt seinem Distrikte, der als „locus famosissimus et omnium commoditatum abundantia simul refertus in campestribus Jordanis situs" geschildert wird, von der Königin Melisende dem Frauenstifte in Bethanien zugewiesen wurde. Der schon in früherer Zeit erwähnte Suffragansitz von Jericho bestand ohne Zweifel auch noch zur Zeit der Kreuzzüge; denn nach einem Manuscript aus dem Vatican, herausgegeben von L. Holstenius,[2] wird unter den dem Patriarchen von Jerusalem unterstehenden bischöflichen Sitzen auch der Sitz Ρεγεών Ἱεριχώ angeführt; desgleichen nach den Excerpta ex notitia latina[3] und endlich nach den Ex-

---

1) Historia rerum in partibus und Gesta Dei per Francos XI. 15, und XV. 26
2) Rel. Pal. p. 214.
3) Rel. Pal. p. 222.

cerpten, welche den alten Codices der Historiar. des Wilhelm von Tyrus[1] angehängt sind. Aus dieser Zeit scheinen auch die Bauten der meisten Aquädukte in der Ebene zu stammen, obgleich nicht zu läugnen ist, dass viele derselben schon in früherer Zeit vorhanden waren. Nach Mariti,[2] der sich übrigens auf die Syria sagra herausgegeben von Abbate Terzi cp. 61 beruft, waren zur Zeit des lateinischen Königreichs zu Jericho drei Klöster für Basilianer, Carmeliter und Benedictiner. Nach dem Sturze des fränkischen Königreiches in Palestina scheint auch Jericho seine Bedeutung wieder verloren zu haben; denn nach Willibrand von Oldenburg (1211) stand zu Jericho bloss ein kleines, zerstörtes, von Sarazenen bewohntes Kastell; ebenso fand es Brocard, der sagt:[3] „Jericho urbs quidem quondam sublimis, nunc autem vix novem domos habet, nec meretur dici parva villa omniaque monumenta sanctorum locorum penitus deleta sunt;" auch Maundeville fand nur ein kleines Dorf vor, und zwar nach den Angaben ganz an der Stelle des heutigen Riha. Somit ist ausser Zweifel gestellt, dass man das in den Zeiten der Kreuzfahrer erwähnte Jericho an der Stelle des heutigen Kastellthurmes zu suchen hat, wenn dahin nicht schon das dritte von Hieronymus erwähnte und von Antonin und Arculf besuchte Jericho zu versetzen kommt, da Hieronymus ausdrüklich erwähnt, dass man ausser dem dritten Jericho auch noch die Spuren der beiden andern bemerkt. Damit stimmt auch der Bericht des russischen Abtes Daniel überein, der im Jahre 1113 noch ein sarazenisches Dorf an der Stelle des heutigen Riha vorfand; mithin kommt der Aufbau dieser

---

1) Gesta Dei per Fr. p. 1045 und Rel. p. 225.
2) Viaggi per l'Isola di Cypro tom. 3. p. 126
3) Descrptic T. s. cp. 7. § 30.

Stadt zur Zeit der Kreuzfahrer nach diesem Jahre anzusetzen. Im Jahre 1480 zeigte man dem Fabri schon das Kastell mitten im Dorfe als das Haus des Zachaeus. Roger sah 1664 nichts mehr von Ruinen, als bloss die der Kathedral-Kirche an der Stelle des einstigen Zachaeushauses, wahrscheinlich den jetzigen Kastellthurm. Doubdan 1651 fand in Jericho 30-40 elende Hütten, Bernardinus Surius 80 Häuser mit den Ruinen des Zachaeushauses; so Nau, Quaresmius und alle andern bis auf die Neuzeit. Man sieht demnach, dass nach der Zerstörung Jericho's nach der Frankenherrschaft in Palestina oder vielleicht schon früher die Tradition vom neutestamentlichen Jericho an das dritte an der Stelle des heutigen Riha erbauten Jericho übergesiedelt ist. Es gibt somit wenige biblische Orte, welche dreimal ihren Platz gleich Jericho gewechselt haben und gänzlich untergegangen sind.

Nachdem wir also die Geschichte Jericho's kennen gelernt und auch die Lage des dritten Jericho bekannt ist, bleibt zur vollständigen Kenntnissnahme noch übrig, die Lage der alten Kanaaniterstadt Jericho und des herodianischen oder neutestamentlichen Jericho zu ermitteln.

Schon Robinson hatte auf den Pilger von Bordeaux sich stützend, die Meinung ausgesprochen, dass das neutestamentliche Jericho südlich von der Quelle Ain el-Sultan und mithin auch südlich vom alten Jericho um den Wady Kelt herum zu suchen sei, welche Meinung allein richtig und gegründet ist. Nach Josephus Flavius wird das Jericho seiner Zeit (also das neutestamentliche oder herodianische) also beschrieben:[1] Quæ urbs in campo quidem ædificata est, cuique mons nudus et sterilis imminet isque longissimus: (ἧς τόρο-

---

[1] Bell. Jud. IV. 8, 2.

ται μὲν ἐν πεδίῳ ψιλὸν δὲ ὑπέρκειται αὐτῆς καὶ ἄκαρπον ὄρος μήκιστον); versus enim plagam borealem ostenditur usque ad regionem Scythopolitanam, versus australem vero usque ad regionem Sodomiticam et terminos Asphaltitidis --- Isti exadverso opponitur alius mons, qui ultra Jordanem situs incipit versus Boream a Juliade et porrigitur versus Austrum usque ad Somorron --- Quae vero inter duos illos montes interjacet regio, campus magnus dicitur a vico Ginnabri ad lacum usque Aphaltiten pertingens. Est autem longitudo ejus triginta et ducentorum stadiorum, latitudo vero centum et viginti et medius secatur a Jordane". Die zwei hier erwähnten Berge sind die beiden Gebirgsketten, welche vom todten Meere an gegen Norden streichen und die vom Jordan durchschnittene Ebene einschliessen; es kommen demnach auf die westliche und oestliche Hälfte je 60 Stadien Breite, was eine Gesammtbreite von 120 Stadien gibt. Da sich nun das αὐτῆς nicht auf πεδίον, sondern auf πόλις bezieht, so will obige Schilderung nichts anderes sagen, als dass Jericho zwar in der Ebene liegt, aber so, dass es vom anliegenden Gebirge überragt wird; denn ὑπερκεῖσθαι bezeichnet superjacere, impositum esse oder mit einem Worte: Jericho lag am Fusse der westlichen Gebirgskette. Dies stimmt ganz genau mit dem Berichte des Josephus Flavius an einer andern Stelle überein, wo er schreibt,[1] dass dieses Jericho (denn er spricht ja vom Jericho seiner Zeit) 60 Stadien vom Jordan entfernt sei; denn nach obigem Standpuncte kommt auf die westliche Jordansau 60 Stadien Breite, wovon sich jeder überzeugen kann, der den Weg vom Fusse der westlichen Gebirgskette bis an den Jordan selbst zurükgelegt hat; es sind 3 Stunden, die 60 Stadien gleich

---

[1] Bell. Jud. IV. 8, 3.

kommen. Da nun aber auch Alt-Jericho (nach Antiq. V. 1, 9) 60 Stadien vom Jordan entfernt lag, so folgt daraus, dass das neutestamentliche Jericho, wenn auch nicht an derselben Stelle, an welcher Alt-Jericho gelegen war, doch mit Letzterm in paralleler Linie zum Jordan liegen musste. Dass man aber das neutestamentliche Jericho wirklich nicht im Terrain Altjericho's suchen dürfe, zeigt Josephus ganz deutlich an, wenn er schreibt:[1] „At prope Jerichuntem παρὰ τὴν Ἱεριχοῦντα) fons est copiosus rigandisque arvis uberrimus juxta urbem veterem scaturiens (παρὰ τὴν παλαιὰν ἀναβλύζουσα πόλιν), quam Jesus Nave filius primum jure belli cepit in Chananæorum terra". Josephus unterscheidet hier offenbar die Lage des Jericho zu seiner Zeit von der Lage des Alten Jericho. Während demnach Altjericho hart oder neben der eigentlichen Quelle (παρὰ τὴν πόλιν ἀναβλύζουσα) erbaut war, stand Neujericho, obgleich in der Nähe, so doch in einiger Entfernung von der eigentlichen Quelle, immerhin aber „prope fontem" d. h. an dem Wasser der Quelle; denn πηγή muss hier im Gegensatze zur πηγὴ ἀναβλύζουσα in diesem Sinne genommen werden. Das neutestamentliche Jericho kann somit, weil nahe am Flusswasser der Elisaeusquelle (Ain el-Sultan) gelegen, nur südlich von derselben erbaut gewesen sein, da das Terrain nördlich von derselben bedeutend höher liegt und somit auch von der Quelle nicht bewässert werden kann, während hingegen das eigentliche Thal von Jericho besonders durch die Elisaeusquelle bewässert wurde und seiner Fruchtbarkeit wegen berühmt war. Vergl. Jos. Flav, l. c. Theophrastus de hist. palm II 8; IX. 6, Justin. lib. 36. cp. 3. Diodorus Siculus, Strabo lib. XVI. Galenus de alim. fac. lib. 2. Plinius u. a. Das neutestamentliche Jericho liegt mithin

---

[1] L. c.

dort, wo es schon Robinson vermuthete: südlich von Ain el-Sultan um den Wady Kelt;[1] mithin sind oben beschriebene Ruinen Überbleibsel des neutestamentlichen Jericho. Damit stimmen auch alle andern Berichte überein: Strabo schreibt:[2] „Ἱεριχοῦς ἐστὶ πεδίον κύκλῳ περιεχόμενον ὀρεινῇ τινὶ καὶ θεατροειδῶς πρὸς αὐτῷ κεκλιμένη." „Jericho est planities (in circulo) circumdata monte quodam, qui in theatri speciem ad ipsum declinat. Ibi est palmetum, cui aliae stirpes hortenses permixtae sunt, locus ferax palmis abundans, centum stadiorum spatio totus irriguus est et habitatoribus plenus, ibi et regia est et balsami paradisus." Es versteht sich von selbst, dass Strabo hier nicht von der eigentlichen Stadt Jericho spricht, wie Mislin[3] und andere wollen, sondern von der Ebene Jericho; denn Strabo, der in seinen Berichten ebenso karg als genau ist, sagt nicht „Ἱεριχοῦς ἐστὶ πόλις" sondern „Ἱεριχοῦς ἐστὶ πεδίον." Nicht die Stadt, sondern die Ebene Jericho's, also das ganze Gebiet derselben war nach obiger Schilderung des Josephus von der westlichen Gebirgskette theatralisch umgeben. Ganz übereinstimmend mit Strabo schildert Jos. Flavius B. J. IV. 8, 2 diese Ebene und nennt sie „τὸ μέγα πεδίον;" in der heil Schrift heisst sie „campestria Jericho" Jos IV. 13, „latitudo" oder „planities vallis Jericho" Deut. XXXIV, 3; auch kommt sie unter dem Namen „αὐλών," die Oase von Jericho vor, was dem heutigen الغور, El-Ghor, (Niederung) entspricht. Hieronymus[4] nennt sie auch „πεδίον κατ' ἐξοχήν." Jericho wird demnach sowohl von der Stadt, als auch von der Ebene gebraucht. Dasselbe bezeugt Justinus:[5] „est namque vallis,

---

1) Pal. II 547.
2) Geogr. rer. XVI pag. 763 [übers. von Grosskurd Berl. 1831. 2. Th. 270
3) Die hl. Orte, 1860 3. Th. 153.
4) Onom. ad Γαλιλαῖα
5) Histor. lib. 36. c. 3.

quæ continuis montibus velut muro quodam ad instar castrorum clauditur, spatium loci ducenta jugera nomine Hierichus dicitur. In ea silva est et ubertate et amœnitate insignis." Für die oben angedeutete Lage von Alt-Jericho und dem neutestamentlichen Jericho gibt uns der Pilger von Bordeaux den entschiedensten Ausschlag; derselbe sagt: „Ab Hierusalem in Jericho millia XVIII. Descendentibus montem in parte dextra retro monumentum est arbor sycomori, in quam Zachaeus ascendit, ut Christum videret. A civitate passus mille quingentos est fons Elisaei prophetæ. Supra eundem vero fontem est domus Rahab fornicariæ, ibi fuit civitas Jericho, cujus muros gyraverant cum arca testamenti filii Israel. Item Jericho ad mare mortuum VIII millia, inde ad Jordanem, ubi Christus baptizatus est, V millia." Diesem alten hierosolymitanischen Itinerar zufolge lag das neutestamentliche Jericho am Fusse der Berge rechts vom jerusalemitaner Wege, („descendentibus montem in parte dextra"), 1500 Schritte von der Elisaeusquelle entfernt, an der das Alt-Jericho stand; denn das Haus der Rahab stand oberhalb der Quelle.

Ferner darf nicht übersehen werden, dass das neutestamentliche Jericho nach Epiphanius[1] mehr als 20 Stadien im Umfange hatte: „ambitus ejus plus quam XX stadiorum." Es erübrigt nur noch die Distanzangabe Jericho's von Jerusalem. Nach Bell. J. IV: 8, 3 ist Jericho von Jerusalem 150 Stadien und vom Jordan 60 Stadien entfernt: „Distat autem Hierosolymis (Jericho) 150 stadiis, a Jordane vero 60, totumque inde usque ad Hierosolyma spatium desertum est et saxosum, ad Jordanem vero et lacum Asphaltiten humilius quidem et solum aeque tamen desertum atque infrugiferum." Nach dem Itinerarium Burdigalense ist Jericho von Jerusalem

---

[1] L. adv. haer. II. 10, 1.

18 Milliarien entfernt. Da nun 8 Stadien ein Milliarium ausmachen, so kommen 150 Stadien gleich 18 $^3/_4$ Mill. Dieser kleine Unterschied kommt offenbar daher, dass Josephus die Distanz in runder Zahl angibt. Setzen wir nun das neutestamentliche Jericho an den oben angegebenen Ort: an die jerusalemitaner Strasse an den Fuss der westlichen Gebirgskette, so ist die Distanzangabe eine richtige. Für die Authentizität der Lage des neutestamentlichen Jericho um den Wady Kelt herum sprechen ausser den vorgefundenen Grundmauern ganz besonders die oben von uns erwähnten Aquädukte von der Ain Kelt, deren Bestimmung es war, Jericho mit Wasser zu versehen, besonders den Theil, der von der Elisaeusquelle weiter entfernt lag; dass dieses der eigentliche Zweck dieser grossartigen Wasserleitungen der Ain Kelt war, geht einmal daraus hervor, dass die Ebene oder die in derselben liegenden Gärten hinreichend durch die Wasserleitungen von Ain Diuk und Ain el-Sultan bewässert wurden, ohne dass man nöthig hatte, das Wasser durch kostspielige Bauten viele Stunden weit über Thäler, Schluchten und Berge hinweg zu leiten. Dann füllten die zwei grossen Aquädukte an der Südseite des Wady Kelt die zwei grossen Bassins am Fusse des Gebirges, die unmöglich bloss zur Bewässerung der Gärten bestimmt gewesen sein konnten, da deren Umgebung, die ganz mit Steinen bedeckt ist, eher für die Lage eines Ortes, als von Gärten spricht, welch' letztere jedenfalls weiter östlich in der eigentlichen Ebene lagen.

Was die Distanzangabe zwischen dem Jordan und Jericho betrifft, herrscht hier ein anscheinend grösserer Unterschied. Josephus gibt 60 Stadien an, die 7 $^1/_2$ Milliarien gleichkommen, eine Entfernung, die der Lage des neutestamentlichen Jericho am Fusse des Gebirges vom Jordan unter Kasr el-Jehud ganz entspricht. Wenn demnach Antoninus Martyr die

Distanz Jericho's vom Jordan auf 6 Milliarien angibt, so nimmt er entweder die directe Linie von Jericho bis an den Jordan, oder aber versteht er darunter das dritte Jericho, das nach der Zerstörung des zweiten (nach Hieronymus) wieder aufgebaut wurde und wahrscheinlich schon an der Stelle des heutigen Riha stand.

So auch nur lässt sich die Distanzangabe bei Hieronymus[1] erklären, wenn er Jericho von Bethaglia 3 Milliarien entfernt sein lässt; denn Kasr el Hadschla ist vom heutigen Riha ⅗ Stunden = 25 Stadien = 3 Mill. entfernt. So sind wir demnach durch diese Vergleichung zu demselben Resultate gelangt, welches sich schon aus der Wiederauffindung des alten Galgala ergeben hat; nämlich, dass Alt-Jericho hart an der Elisaeusquelle (Ain el-Sultan) zu suchen sei. An den Zugängen von Jericho lagen die Vesten Thrax und Tauros,[2] welche nach Strabo[3] von Pompejus auf seinem Zuge von Scytopolis nach Jerusalem zerstört wurden. Dieselben sind vielleicht um den Hügel Tell Abu Alaidsch herum zu suchen. Unter andern wird auch eines Schlosses Cypros bei Jericho erwähnt. Josephus[4] schreibt: „Herodes aedificavit et alium locum supra Hierichuntem (ὑπὲρ Ἱεριχοῦντα) magnae securitatis nec minoris ad habitandum amoenitatis, quem matris suae nomine Cypron appellavit." Dasselbe wird auch als Kastell[5] angeführt, welches nahe bei Jericho (ἐν Ἱεριχοῖ) gelegen mit der Stadt durch eine Reihe prachtvoller Bauten in Verbindung stand, welches endlich in der Nähe von Jericho gelegen (καθύπερθε δὲ ἦν Ἱεριχοῦντι) von den Aufständischen zerstört und dem

---

1) Onom. Art. Area Atad
2) Antq. XIV. 4, 1.
3) Geogr. XVI. 2, 10
4) Antq. XVI. 5, 2
5) Bell. J. I. 21, 4

Erdboden gleich gemacht wurde.[1] Fassen wir die drei Vorwörter ἐν, ὑπέρ und καθύπερθε Ἱεριχοῦντι zusammen, so müssen wir für das Schloss Cypros einen derartigen erhöhten (ὑπέρ) Platz suchen, der bei (καθύπερθε) Jericho so gelegen ist, dass er durch dazwischen liegende Bauten mit der Stadt (ἐν Ἱεριχοῖ) zusammenhing. Flavius[2] erwähnt oberhalb Jericho noch eines andern Kastells Δαγών, in das sich Ptolemaeus zurückzog; dasselbe wird auch Antiq. XIII. 8, 1 als eine von den Burgen erwähnt, die oberhalb Jericho lagen. denn er schreibt: „εἰς ἕν τι τῶν ὑπὲρ Ἱεριχοῦντα ἐρυμάτων ἀνεχώρησεν Δαγὼν λεγόμενον" in welcher Ptolemaeus von Hircanus belagert wurde. Es ist ohne Zweifel dieselbe Festung, in welcher Ptolemaeus seinen Schwiegervater Simon den Maccabäer sammt dessen Söhnen bei einem Gastmahle tödten liess. Da dieses Schloss Dok oder Duk später auch als eine Bergveste der Tempelherren zwischen Jericho und Bethel angeführt wird,[3] dessen auch Brocard[4] erwähnt, so ist kein Zweifel, dass die alten Grundmauern oberhalb der heutigen Quelle Diuk oder Duk die Überbleibsel des obigen Kastelles Dok oder Dagon sind. Da nun dieses Dagon als eines von den oberhalb Jericho gelegenen Kastellen bezeichnet wird, das Kastell Cypros aber ebenfalls oberhalb und zugleich bei Jericho liegend erwähnt wird, so ist es klar, dass wir das Schloss Cypros zwischen Jericho und Dok suchen müssen. Und da findet sich wohl keine bessere Lage vor, als der hohe Hügel nahe bei der Elisaeusquelle, der ganz aus verwitterten Mauertrümmern und zerbrökelten Überresten von

---

1) Bell. J. II. 18, 6,
2) Bell. J. I. 2, 3.
3) Statutenbuch der Templer von Münter I S. 410.
4) Descrpt. T. s. c. 7 § 26

Gebäuden zu bestehen scheint, und wohin es auch Mislin [1] und andere hinverlegen. Einmal lag hier Cypros „ὑπὲρ Ἱεριχοῦντα" andererseits bei oder in Jericho, da sich von da die koeniglichen Gebäude, welche Herodes „μεταξὺ Κύπρου τοῦ φρουρίου καὶ τῶν προτέρον βασιλείων," hatte aufführen lassen, bis zur Stadt hin zogen. Die zwischen den Ruinen am Wady Kelt und Ain el-Sultan (oder obgenannten Hügel) gefundenen und schon erwähnten Ruinen und Grundmauern aus unbehauenen, oft kleinen und zerstreuten Steinen können mithin ganz füglich auf die einst hier gestandenen Gebäude und die Cypros mit der Stadt Jericho verbindende Strasse bezogen werden. Dieses ist auch der Ort, wo die an der Nordseite der Kelt-Schlucht gebaute Wasserleitung ausmündet. So nun scheint die Frage bezüglich Jericho erledigt zu sein.

Von Jericho aus wurden von mehreren Reisenden verschiedene Wege eingeschlagen; durch Robinson [2] lernen wir den Weg von Ain el-Sultan und der Quelle Duk nach Bethel, also die alte berühmte Prophetenstrasse zwischen Galgal und Bethel kennen; durch Burkhardt und C. de Bertou das Jordanthal südwärts von Beisan, durch Dr. Barth die Gegend von Jericho bis Audscheh und von da über Dschalu nach Nablus; durch G. Schulz die Gegend von Silo nach Kefr Istunah. Es bleibt demnach nur noch die Gegend von Audscheh über Fasaël nach Nablus übrig. Wir waren entschlossen diesen letztern Weg einzuschlagen, wobei wir jedoch insbesondere den hohen kegelförmigen Berg nördlich von Fasaël im Auge hatten.

Wir brachen demnach Donnerstag 9. November früh 8 U. von der Elisaeusquelle auf und zogen am Rande eines tiefen

---
[1] L. c. III. 166.
[2] Pal. II. S. 516.

Thales, später hart am Fusse des Quarantaniaberges gegen Norden zu ganz nahe neben der Wasserleitung, welche einst die Zuckermühlen oberhalb Ain el Sultan mit Wasser versorgte, das dann in die Ebene geleitet wurde. Der Rand des Aquäduktes war ganz mit dichten 15-20' hohem Schilfrohre bewachsen, dessen starke Rohrstengel die Beduinen nach Jerusalem zum Verkaufe bringen. Um 9 U. langten wir bei der schönen Quelle عين الديوك Ain el Diuk oder Duk an; dieselbe entspringt unter einem grossen Dom-Baume شجرة دوم (Rhamnus Nabeka L.) und hat 2 Arme, deren reichliches klares Wasser grösstentheils durch oben erwähnten Aquädukt zu den Mühlen geleitet wurde, während das übrige Wasser in den nahen Wady abfloss. 20 Schritte nördlich davon entspringt eine zweite nicht minder ergiebige Quelle عين النويعمه Ain el-Neuhmeh genannt mit 2 Armen, deren Wasser sich weiter unten mit dem der Quelle Diuk vereinigt und im Wady Nuehmeh ostwärts dem Jordan zufliesst. Oberhalb der ersten Quelle finden sich undeutliche Spuren von alten Grundmauern vor, welche die Lage des Schlosses Dok oder Dagon bezeichnen.

Nachdem wir uns in dieser lieblichen Einöde 10 Minuten aufgehalten, stiegen wir bald in den Wady Neuhmeh hinab, in welchem wir die Mauerreste eines Aquäduktes trafen, welche die Araber جسر العوجه d. i. Brücke von Audscheh nennen und zwar desshalb, weil das Wasser von der Quelle Audscheh mittelst desselben bis hieher geleitet wurde, was später noch zur Sprache kommen wird. Indem wir vom Wady hinaufstiegen, setzten wir unsern Weg nahe am Fusse der westlichen Gebirgskette auf einem wüsten Hochplateau fort, wo der Beduinentribus Elka'abneh الكعابنة im Winter seine Zelte aufschlägt; zur Linken bemerkten wir deutlich den bereits erwähnten Aquädukt, der stellenweise noch gut erhalten ist.

Um 10 U. 7. Min. übersetzten wir den nicht tiefen Wady El-Abiad واد الأبيض (d. h. weisse), der dem Jordan zuläuft, nachdem er sich früher noch mit dem Wady Diab vereinigt hat. Um 10 U. 45 Min. kamen wir zum Wady el-Audscheh واد العوجه. Einige Minuten früher, ehe wir denselben übersetzten, lenkten wir westlich ab, um den am Wady liegenden Berg zu besteigen, auf dem wir schon von der Ferne Ruinen erblickten. In ¼ Stunde hatten wir denselben erstiegen; es ist ein vereinzelter Bergkegel, der nur im Nordwesten durch einen seichten Wady oder vielmehr Bergsattel mit dem westlichen Gebirge zusammenhängt. Der obere etwas flache Theil des Berges ist ganz mit Ruinen eines verlassenen Ortes bedeckt, die unter dem Namen خربة العوجه d. i. Chörbet el-Audscheh bekannt sind. Auf dem höchsten Punkte sieht mitten unter den Ruinen ein verfallener Thurm von 16′ Breite (N-S); obgleich der obere Theil dieses Thurmes neuerer Zeit anzugehören scheint, so sind doch die Grundmauern alt und von bedeutend grösserm Umfange. Mächtige roh behauene Steinblöcke liegen auf der ganzen Kuppe des Berges herum. Die Fellah, die von einem entfernten Dorfe hier waren und keineswegs zu den harmlosesten gehörten, sagten, es sei hier einst eine Stadt gestanden. Übrigens ist hier für eine Stadt die herrlichste Position: nach Osten übersieht man die ganze Ebene bis an die Ufer des Jordan, südlich die Nordwestecke des todten Meeres, nach Westen und Norden ist die Aussicht durch das Gebirge beschränkt. Im nahen Wady Audscheh fliesst ein reichlicher Bach, dessen Ufer wieder mit Dombäumen und dichtem Schilfe besetzt sind. Am Fusse des Berges sieht man einen noch gut erhaltenen Aquädukt, der um den Berg sich herum zieht und das Wasser von der höher gelegenen Quelle Ain Audscheh bis in den Wady Nuehmeh hinab führte, während ein zweiter Aquädukt nach Osten abzweigt, mithin den ganzen Distrikt zwischen beiden Wadys bewässert. Nahe am Bache bemerkten wir einen kleinen Hügel mit Resten von Gemäuer bedeckt. Indem wir um 11 U. 30 Min. den Bach verliessen und in nord-östlicher Richtung weiter zogen, kamen wir in 15 Minuten zu einem neuen Aquädukte, der gleichfalls von Ain Audscheh das Wasser der nördlichen Seite des Wady zuführte, ohne Zweifel zur Bewässerung. Die Gegend wird nun öde und ist ganz verlassen, stellenweise mit Feuersteinen übersäet. Ein Wildschwein, das aus einem Hinterhalte hervorstürzte, wurde von einigen unserer Beduinen bis an den Jordan hinab verfolgt. Um 1 U. 30 Min. kamen wir zu einem neuen Wady واد البقر Wady el-Bakar (das Thal der Rinder), welches in geologischer Beziehung sehr interessant ist. Es wird nämlich von Kreide und Kalkhügeln gebildet, die mächtige Schichten eines braunrothen Feuersteins enthalten, welche aber nicht geradlinig streichen, sondern wie die Wellen eines aufgeregten Meeres gebogen und gebrochen sind. Der Kalk und die Kreide, welche diese Schichten einschliessen, enthalten überdiess zahlreiche Mandeln und Kugeln von Feuerstein und derben Chalcedon, oft von bedeutenden Dimensionen. Wir sahen dieselben wie Brotlaiben jeder Grösse am Wege liegen oder auf den Kalkschichten aufsitzend, an Stellen, wo der Regen die kreidige Umhüllung hinweg geschwemmt; die grössten derselben hatten ungefähr 3-4' im Durchmesser. Als wir diesen engen und gewundenen Wady wieder verliessen, erblickten wir vor uns eine grosse weite Fläche, welche im Norden durch einen Abzweiger der westlichen Gebirgskette, die den scharf conturnirten gen Himmel ragenden Kegel Krein Sartabeh trägt, abgegränzt wird. Sie kann im Vergleiche mit der Jericho-oase eine kleine Hochfläche genannt werden und ist unter dem Namen سهل الأراكي Sahel el-Aráke bekannt und heutzutage noch sehr fruchtbar. Auf ihr weideten Hunderte von fettschwänzigen Schaafen. Bald darauf bemerkten wir links vom Wege am Fusse der westlichen Gebirgskette Ruinen, besonders einen viereckigen Bau aus grossen Feuersteinblöcken. Man nannte sie uns خربة الزياد واد البقر. Nachdem wir eine halbe Stunde in dieser Ebene gerastet, kamen wir um 3 U. 25 Min. in ein Thal, das westlich einbog; es war der Wady El-Fasaël واد النصايل. Wir hatten beschlossen, in dieses Thal weiter hineinzugehen, um dort der grössern Sicherheit wegen unsere Zelte aufzuschlagen. An der Ecke, wo wir westlich ins Thal einlenkten, sahen wir einen Aquädukt, der das Wasser in eine Cisterne und in die Ebene leitete, bald darauf kamen wir zu den Ruinen einer Mühle dort, wo das Thal aus dem Gebirge hervortritt und als Wady el-Fasaël sich zum Jordan hinabzieht, sowie in nächster Umgebung zu einer Ruinenstätte von halb verwitterten Steinen, welche unter dem Namen خربة الفصايل Chörbet el-Fasaël bekannt sind, mitten im Thale selbst aber bei seiner Ausmündung sahen wir einen Hügel mit unkenntlichen Ruinen, dessen Spitze von einem Steinhaufen gekrönt ist. Die Beduinen nannten ihn تل القنان ابو امهير Tell el-kanan Abu Mher; westlich von diesem Hügel und rechts von unserm Wege befand sich ein grosser Teich aus grossen behauenen Quadern gebaut, an dessen Seite ein gut erhaltener Aquädukt jetzt noch fliessendes Wasser führt, das einst den Teich füllte, theilweise auch zur Mühle geleitet wurde, von wo aus das Wasser zur Bewässerung der grossen Ebene verwendet wurde. Hier in diesem Thale fanden wir den früher vergebens gesuchten Öscher, dessen Frucht طمر عشير mit Recht für den wahren Sodomsapfel gehalten wird, dessen Josephus Flavius erwähnt und den er folgendermassen beschreibt:[1]

---

1) Bell. J. IV. 8, 4.

„In terra Sodomitica... et in fructibus cineres nascentes, qui specie quidem et colore edulibus similes sunt, manibus autem decerptae in favillam et cinerem resolvuntur." Es ist dieser schon von mehreren Reisenden erwähnte Oescher die Asclepias gigantea oder procera, nach Jussieu's natürlichem Systeme den Asclepiadeen, nach Linne's Systeme der V. Klasse (Pentandria Monogynia) angehörend. Er hat einen meist holzigen, baumartigen Stamm oft bis Fussdicke und 15-20' Höhe, welcher eine zerreibliche, korkartige, aber sehr zerklüftete Rinde trägt; die einander gegenüberstehenden Blätter sind grosseiförmig, lederartig von malachitgrüner Farbe und hie und da mit zartem weisslichen Flaume überzogen. Aus abgebrochenen Zweigen und Blättern fliesst ein reichlicher ätzender Milchsaft heraus (wie dies den Pflanzen dieser Gattung eigen ist), welcher auch oft zu Medicamenten gegen Hautkrankheiten verwendet wird. Die Blüthen kommen am Ende der Zweige in Büscheln (Dolden) hervor und haben einen fünftheiligen Kelch und eine fünfblättrige weisse Blumenkrone, deren Zipfel dunkel purpurn gefärbt sind. Die Staubgefässe sind mit kapuzenförmigen Blättchen versehen. Der Fruchtknoten entwickelt sich bald zu einer pflaumenartigen, graugrünen Samenkapsel, die in der Grösse einer ansehnlichen Limonie zur Reife gelangt, wobei die grüne Farbe ins gelbliche übergeht. Die Naht der bauchigen Samenkapsel springt im Zustande der Reife bei leichter Berührung auf und es quillt der in einer zweiten Hülse eingeschlossene und mit einer feinen Seidenhaarkrone (Pappus) versehene Same heraus. Diese zweite Hülse ist mit zahlreichen Fädchen inwendig an die äussere Schale angeheftet und enthält das eigentliche Samenbehältniss, welches eine halbmondförmige Gestalt hat und an beiden Enden mit einem Faden an der Hülse hängt. Die braunen, flachen Samen haften mit ihrer

Seidenkrone in parallel laufenden Längsfächern und liegen wie Schuppen übereinander, so dass der Samenbehälter ein eigenthümliches, gleichsam geharnischtes Aussehen bekommt. Die Haarkrone der Samen ist glänzend, wie die feinste weisse Seide, besonders wenn die Samen noch am Behältnisse hängen. Man sieht in der Nähe der Oescherbäume grosse Flocken dieser Seide an Bäumen und Sträuchern hängen, die der Wind aus den reifen Samenkapseln geweht hat; selbst im todten Meere bemerkten wir sie. Die aufgesprungene Kapsel wird schnell von Baumwanzen und andern kleinen rothen Käfern bevölkert, was vielleicht zur Sage Veranlassung gegeben, dass die Sodomsäpfel eine Frucht voll Würmer und Ungeziefer seien. Die Pflanze ist perennirend; denn man findet an demselben Stamme Knospen, Blüthen, halb und ganz reife Früchte. Wir sahen sie im November, Robinson traf sie ebenso im Frühjahre; man kann daher annehmen, dass sie das ganze Jahr hindurch Blüthen und Früchte tragen. Die eigentliche Heimat des Oescher ist Indien und Nubien, wo er zu den gemeinsten Buschwerken gehört; er ist demnach eine Tropenpflanze, die in Palestina vom Südende des todten Meeres an wahrscheinlich durch das ganze Jordanthal bis zum See Tiberias vorkommt. Die nächsten Verwandten desselben in unserer gemässigten Zone sind die hie und da in Gärten gepflanzte Asclepias syriaca L. mit röthlichen, starkriechenden Blüthen und die allenthalben an Rainen vorkommende Asclepias Vincetoxicum L. (Schwalbenwurz).

Wir zogen nun westlich in das Thal Fasaël hinein, das zwischen zwei Bergen sich einengt und schlugen in demselben um 4 U. nahe am Aquädukte, dort wo er eben aufgedeckt war, unser Zelt auf. Gegen Abend gingen wir noch tiefer in das Thal hinein, das im Spätherbste noch mit herrlichem Grün bekleidet war und erreichten in $1/4$ Stunde Ras Ain el-Fasaël (Ursprung der Quelle). Das Wasser der Ain el-

Fasaël entspringt aus einem halbrunden, gemauerten Becken und ist ringsum von Oescher und Dom-Bäumen, von Solanum sanctum und Mentha piperita L. umgeben. Wir befanden uns hier in einem prachtvollen Thale, das gegen Westen zu durch das Gebirge abgeschlossen wird; an den Gebirgswänden und besonders oberhalb des Ras bemerkten wir zahlreiche Höhlen. Das reichliche Quellwasser wurde durch einen schönen von behauenen Quadern gebauten und überdekten Aquädukt bis zur obgenannten Mühle geleitet, wohin heut zu Tage das Wasser noch fliesst, obgleich die Beduinen stellenweise die Wasserleitung aufgerissen haben, um ihre Heerden zu tränken. Das übrige Wasser fliesst im Wady dem Jordan zu.

Wir hatten nun von Jericho aus in nördlicher Richtung nahe an der westlichen Gebirgskette durch 7-8 Stunden die Ebene durchzogen, welche wir bereits unter dem Namen μέγα πεδίον oder αὐλών kennen gelernt haben und die sich noch weiter bis Scythopolis hinauferstreckt und ihrer Palmencultur und reichlichen Vegetation wegen sehr gepriesen war. Die westliche Seite dieser Ebene steigt von Ain el-Sultan nach Norden bis zum Wady el-Fasaël sanft an, fällt aber gleichmässig gegen den Jordan zu ab. Es gibt in ganz Palestina kein anderes Thal, welches von so vielen und ergiebigen Quellen bewässert wird, als dieses αὐλών. Wir hatten dasselbe im November nach einem sehr heissen Sommer und unmittelbar vor der Regenzeit bereist und überall äusserst ergiebige Quellen vorgefunden. Bedenkt man nun, dass von den hochgelegenen Quellen das Wasser durch weitverzweigte Kanäle und Aquäducte in die ganze Ebene geleitet wurde, so ist die Fruchtbarkeit der Jordans'au zugleich bei der tropischen Wärme hinreichend erklärt. In einer Länge von 7-8 Stunden haben wir in diesem Terrain 6 ergiebige Quellen kennen gelernt, durch deren Kanalsystem diese ganze durch die Natur schon begünstigte Ebene bewässert wurde; nämlich: 1) Ain el-Kelt, 2) Ain el-Sultan, 3) Ain el-Diuk 4) Ain el-Nuehmeh, 5) Ain el-Audscheh und 6) Ain el-Fasaël, bei deren Canalconstruction genau beobachtet wurde, die höher gelegenen Theile zwischen je zwei Wadys durch die nächste stets höher gelegene Quelle zu bewässern. Wie ganz anders musste daher dieses Tiefthal des Jordan belebt und bebaut gewesen sein, als die grosse Hauptstrasse von Jerusalem über Jericho an den blühendsten Ortschaften und an den durch Natur und Kunst beglückten Gegenden und Städten vorüber bis Scythopolis sich hinaufzog, um Tiberias und Caesarea Philippi zu erreichen. — Als wir diese Gegend durchzogen, drängte sich uns von selbst der Gedanke auf, dass dieser cultivirte Theil auch gewiss einst durch Städte bevölkert gewesen sei, deren auch in der Geschichte Erwähnung geschieht. Da besonders in diesem Theile die alten Ortsnamen bis auf den heutigen Tag in der Umgangssprache noch grösstentheils erhalten sind, so konnten wir annehmen, vielleicht noch einige derselben zu entdecken. Unter andern geschieht auch einer Stadt Phasaëlis Erwähnung. Es ist leicht einzusehen, dass فَصَايِل Phasaël im Arabischen mit dem Φασαήλις der Griechen und Phasaëlis der Lateiner identisch ist. Chörbet el-Fasaël sind mithin dem Namen nach identisch mit der Stadt Phasaëlis, wozu auch ganz die übrigen Umstände stimmen. Josephus Flavius sagt davon folgendes:[1] „Jtem (Herodes) ipsi fratri (Phasaëlo) cognominem construxit urbem in valle Hieruntia, qua itur boream versus, quæ in causa erat, ut terra omnis finitima antea fere deserta incolarum industria cultior evaderet; hanc autem Phasaeliden Φασαηλίδα nominabat." Desgleichen:[2]

---

1) Ant. XVI. 5, 2.
2) Bel. Jud. I. 21, 9.

„κατὰ τὸν ἀπὸ Ἱεριχοῦς ἰόντων αὐλῶνα πρὸς βόρειαν Φασαηλίδα."
Dieses Phasaëlis lag demnach im αὐλών nördlich von Jericho, was bei den oben bezeichneten Ruinen genau zutrifft. Zugleich erfahren wir durch Josephus, dass mit der Gründung dieser Stadt auch die Cultivirung dieser Gegend zusammenhängt, wesshalb wir auch keinen Anstand nehmen dürfen, obigen Aquädukt von römischer Bauart in das herodianische Zeitalter zu versetzen. Dieser Stadt erwähnen noch bei Reland [1]) der anonyme Geograph Ravennas und Stefanus. Auch Plinius [2]) nennt die Gegend von Phasaël und Livias und Archelaïs „convalles," die reich an Palmen waren: „Jerichunte maxime sc. cultura palmarum, quamquam laudatæ et Archelaïde et Phasaëlide et Lividæ gentis ejusdem convallibus". Nach dem Berichte des Josephus[3]) hatte Salome ihre Toparchie und Jamnia sammt den Palmengärten in Phasaëlis (τοὺς ἐν Φασαηλίδι φοινικῶνας), welche sie von ihrem Bruder Herodes erhalten hatte,[4]) der Gemahlin des Augustus, Julia testamentarisch vermacht. Dieser Ort war auch zur Zeit der Kreuzfahrer noch bekannt; denn nach Marinus Sanutus [5]) lag Phasaëlis in der Ebene beim Ausgange eines Baches aus dem Gebirge in die Ebene 3 Leucen vom Jordan entfernt; „Phasaëlis vel Phasaël tribus leucis distat a Jordane in campestribus, ubi torrens Carith descendit de monte, ubi Helyas a corvis pastus est, juxta Phasaël transiens Orientem versus", welche Beschreibung den Chörbet-Phasaël vollkommen nach oben entspricht. Auch im Mittelalter noch wird eines Dorfes Phasellum eine französische Meile nördlich von Duk erwähnt,[6]) welches ohne Zwei-

---
1) L. c. S. 953.
2) Hist. nat. XIII. 4.
3) D. J. II, 9, 1.
4) Ant. XVII. 8, 1. Ant. XVIII, 3, 2.
5) L. c. S. 247.
6) Brocard Descpt. VII. S. 178.

fel unser Phasaël ist; denn die angegebene Richtung ist entsprechend; was die Distanzangabe betrifft, so ist ohnehin bekannt, dass man in den Pilgerberichten nicht allzu kritisch verfahren darf. Übrigens führt uns Sanutus in seinem Berichte noch auf einen andern wichtigen Gegenstand, nämlich auf den Bach Carith, der (l. c.) mit Ain el-Fasaël identisch sein soll, an welchem der Prophet Elias sich verborgen hielt, nach III. Kön. XVII, 3-7. Dieser Annahme widersprechen zwar Eusebius und der h. Hieronymus,[1] da sie den Fluss Carith jenseits des Jordan versetzen; allein wie Reland schon lehrreich zeigte,[2] ist der Ausdruck: „contra Jordanem, versus Orientem" vom h. Hieronymus in einem andern Sinne aufgefasst worden; denn l. c. steht: „Recede hinc (sc. Samaria) et vade contra Orientem (קדמה) et abscondere in torrente Carith, qui est contra Jordanem כרית אשר על־פני הירדן). Will man nun die Angabe des Josephus, der sagt:[3] „versus plagam Australem concessit" (εἰς τὰ πρὸς νότον μέρη) damit vereinen, so erhalten wir eine südöstliche Richtung, welche Bedeutung קדם auch zulässt. על־פני bedeutet „a facie" oder „a fronte" gibt also hier die Richtung an, wohin man sich wendet; da nun der Prophet von Samaria aus ostwärts gegen den Jordan zu (Jordanem versus oder ad faciem Jordanis gesendet) wird, so kann darunter keineswegs die Ostseite, sondern die Westseite des Jordan verstanden werden; in dieser Bedeutung kommt על־פני noch vor Gen. XVIII, 16; XIX, 28. Richt. XVI, 3. Obiger Wady und Bach Fasaël liegen nun wirklich in südöstlicher Richtung von Samaria. Wenn also

---

1) Onom. Chorat.
2) L. c. S. 293.
3) Ant. VIII. 13, 2.

Robinson im Keltflusse den Bach Carith wiedererkennen will, so ist dieses eben nur eine Vermuthung, die er ausspricht, keineswegs aber eine Sicherstellung.[1] Wenn wir daher dem Sanutus folgend die Identität des Nahr Fasaël mit dem Carithbache annehmen dürften, so würden die oben am Ras Ain el-Fasaïl bezeichneten Höhlen dem Propheten zur passenden Wohnstätte in dieser stillen Einsamkeit gedient haben.

Nach einer ruhig vollbrachten Nacht verliessen wir Freitag den 10. November 6 $^1/_2$ U. Morgens unsern Lagerplatz, zogen aus dem Wady, liessen Mühle und Ruinen rechts liegen und bemerkten weiter hin eine Art gepflasterter Strasse. Indem wir zunächst in nordöstlicher Richtung, dann nach Norden unsern Weg fortsetzten, passirten wir den Wady Achmar und erreichten um $^3/_4$ 8 U. den Fuss der Vorberge, welche nun zu übersteigen waren, um zu dem kegelförmigen Berge, den wir stets vor Augen gehabt hatten, zu gelangen. Meines Wissens hat seit Jahrhunderten kein Reisender diesen Berg bestiegen. Robinson, der öfters davon spricht und Schultz, der in seine Nähe gekommen, haben ihn nicht bestiegen. Das Besteigen selbst ist zwar nicht so beschwerlich, allein seine einsame Lage, die Grenzscheide zwischen drei Beduinen Stämmen ist keineswegs ohne Gefahr für den Reisenden, wie auch wir erfahren mussten. Als wir nämlich im Begriffe waren, den Berg zu besteigen, bemerkte unser Scheich, dass der Gipfel desselben mit Menschen besetzt sei. Während wir nun Rath hielten, was zu thun sei, gewahrten wir, dass auch von der andern Seite bewaffnete Männer sich uns näherten. Ohne sich jedoch viel zu bedenken, sprengte unser Scheich mit seiner 13' langen Lanze gerade auf sie los. Es waren aber bloss Fellah aus dem Dorfe Acrabe, welche in der Nähe ihre Heer-

---

1) Palest. II. S. 534.

den hatten; diese erzählten, dass die vielen Leute, welche sich auf dem Berge befanden, Beduinen vom östlichen Jordansufer (es Salt) seien, die mit den Einwohnern von A-crabe in Blutrache leben und nur herüber kommen, um zu rauben und die Heerden fortzutreiben. Auf dies ging unser Scheich mit ihnen ein Bündniss ein in der Weise, dass, während wir auf unserem Wege den Berg bestiegen, dieselben ihren Feinden in den Rücken fallen sollten. Diese List gelang; denn alle Beduinen waren darauf wie verschwunden und wir sahen auf dem ganzen Wege keinen einzigen derselben mehr. Kaum waren wir jedoch Abends einige Stunden in unserm Lagerplatze in Acrabe, als auf einmal im Dorfe grosser Lärm entstand; die Hirten waren mit der Nachricht gekommen, dass die Beduinen die von den Wächtern theilweise verlassenen Heerden nach unserm Abzuge geraubt und damit dem Jordan zugeeilt seien. Alles, was Waffen tragen konnte, machte sich nun auf, um die Räuber noch wie möglich diesseits des Jordan zu erreichen. Wir waren zwar aus einer grossen Gefahr gerettet worden, allein die Fellah von Acrabe büssten den uns erwiesenen Dienst, ohne dass wir es ahnten und wollten, mit dem Verluste ihrer Heerden. Wir stiegen nun über die Felsrücken der Vorberge hinweg und kamen um 9 U. zu einer 6′ dicken Mauer aus grossen rohen Steinen, welche, da hier durch die Vorberge ein Sattel gebildet ist, längs desselben von OOS-WWN. läuft. Am Westende derselben sahen wir Grundmauern im Vierecke, fast gewiss Reste eines Thurmes, der die Mauer abschloss; bald darauf erreichten wir das Plateau des letzten Vorberges, das sich eine bedeutende Strecke weit in abgerundeter Form bis zum eigentlichen Fusse des kegelförmigen Berges hin erstreckt. Nordöstlich von dieser Mauer fanden wir auf diesem Plateau eine in Felsen gehauene grosse Cisterne, die aber grösstentheils ganz verschüttet war; an der östlichen Seite dieses Plateau's, welches gegen Süden [1] dem Wady Amra zu steil abfällt, fanden wir viele Höhlen, aber keine derselben hatte grosse Ähnlichkeit mit einem Grabe. In 25 Min. von obiger Mauer an gerechnet kamen wir zum Fusse des eigentlichen Kegels, der durch eine Vertiefung oder Graben vom Plateau des letzten Vorberges getrennt ist. Dieser Berg nun, der unter dem Namen Kren (Krun) Sartabeh صرطبه قرين, das Horn von Sartabeh (seiner Gestalt wegen so benannt) bekannt ist, gleicht einem abgestutzten Kegel, dessen Seitenwände sehr steil und kahl sind. Am Fusse selbst sahen wir eine Menge von grossen behauenen und geränderten Quadersteinen, die alle von der Höhe herabgerollt sind und somit Vorboten von Ruinen auf der Höhe waren. Wir stiegen nun in gerader Linie an der Westseite den Berg hinan, wo wir theilweise auch mit den Händen hinanklimmen mussten. An dieser Seite nun sahen wir stellenweise noch die Spuren einer Mauer, die im Zickzack bis an den Gipfel hinauf führte und ohne Zweifel die Richtung der einstigen Treppe oder Strasse zur Besteigung des Berges anzeigt. In 20 Minuten endlich erreichten wir den Gipfel und trafen daselbst zu unserer nicht geringen Freude noch bedeutende Ruinen an. Der Gipfel dieses Kegels ist keine eigentliche Kreisfläche,[2] sondern bildet vielmehr eine ovale Fläche, die sich gegen Norden zu verlängert. Der höchste Punkt ist etwas gegen Süden zu gelegen (D), wo sich jetzt auch noch die Hauptmasse der Ruinen vorfindet. Diese ganze Fläche war von einer Mauer umzogen, deren Spuren man jetzt noch gut sieht und die ungefähr 312 Schritte im Umfange misst. Nördlich von der Hauptmasse der Ruinen bemerkt man

---

1) Siehe Tafel I.
2) Siehe Tafel I.

noch drei kreisförmige ummauerte Vertiefungen, deren Bedeutung wir nicht mit Sicherheit ermitteln konnten, wahrscheinlich waren es Cisternen. Auch die ganze Ostflanke des Kegels war mit hinabgerollten Quadern übersäet. An der Südseite der Gipfelfläche bemerkt man noch eine stehende Mauer (A) aus schön gehauenen und geränderten Quadern von grauem Kalksteine von 4' Länge, 2' Dicke und 1' 8" Höhe, welche zunächst von Westen beginnend nach Osten in der Länge von 14', dann in einem rechten Winkel abbiegend von Norden nach Süden läuft in einer Länge von 24', und nachdem sie wieder gegen Osten im rechten Winkel abbiegt (5' Länge), sich nach 18' Länge an die südliche Umfassungsmauer anschliesst. Diese Mauer zählt noch 10 Reihen geränderter Quadersteinlagen, die mit wenigem Mörtel verbunden und noch gut erhalten sind. An der Süd-Ostecke läuft eine ähnliche Mauer 17' lang von der Umfangsmauer zuerst nördlich und schliesst sich dann nach 11' Länge östlich an die Umfangsmauer an. Alle diese Umstände zusammen führen uns leicht auf den Gedanken, dass hier einst eine schöne Römerburg gestanden sei; denn die Ruinen entsprechen vollkommen dieser Annahme, da für eine Stadt einerseits der Raum nicht hinreichend gross genug ist, andererseits sich auch sonst keine andere Zeichen oder Ruinen vorfinden. Ich habe ferner auch die sicherste Überzeugung gewonnen, dass hier die Feste Alexandrium gestanden ist, deren Josephus Flavius öfters erwähnt. Nach Ritter[1] nahm Schultz das Dorf Kefr Istunah als Alexandrium an und da er von einigen Bauern gehört hatte, dass sich am Kren Sartabeh ein eiserner Ring in der Mauer vorfinde, so war er geneigt, diesen Berg als Signalort zu bezeichnen, von wo aus das Signal zur Feier des grossen

---

[1] Erdk. II. B. 1. Abth. S. 455.

Volksfestes in Israël, seines grossen Ernte= und Dankfestes im siebenten Sabbatmonate nach dem Frühlingsfeste gegeben wurde; auch Reland gibt nach Mischna Roseh Hascham an, dass der Neumond zuerst auf dem Oelberge, dann auf dem Borge Sartabeh und endlich auf den Bergen Grophena und Chavran durch Feuersignale proclamirt wurde, womit der oben angeführte Ring in Zusammenhang stehen sollte. Ich will gegen diese Meinung nichts einwenden, da dieser kegelförmige Berg vermöge seiner Lage zu einer solchen Bestimmung ganz geeignet ist; allein vom Ringe sah man nichts, auch wusste kein Mensch etwas davon. Da es nun entschieden ist, dass sich daselbst Ruinen einer Burg von römischer Bauart vorfinden, so ist die Identität derselben mit der Feste Alexandrium nicht in Zweifel zu ziehen. Pompejus hatte auf seinem Zuge von Scythopolis nach Jerusalem den Aristobulus, welcher sein nahes festes Schloss Alexandrium (᾽Αλεξάνδριον oder ᾽Αλεξάνδρειον von seinem Erbauer Alexander Jamnäus so benannt) behauptete, in sein Lager zu Korea beschieden. Dasselbe lag in der Nähe von Korea (πρὸς ταῖς Κορέαις) auf dem Gipfel eines hohen Berges (περικαλλὲς ἔρυμα ἐπ᾽ ἄκρου τοῦ ὄρους ἱδρύμενον oder auch φρούριον τῶν πάνυ φιλοτίμως ἐξησκημένων ὑψηλοῦ κείμενον).[2] Alexander, der Sohn des Aristobulus, liess dasselbe beim Heranrücken des Gabinius durch Mauern befestigen, indem er sich daselbst verschanzte, bis er endlich der Gewalt des Gabinius weichen und dasselbe ihm übergeben musste,[3] welcher es auch zerstörte. Pheroras, der jüngste Bruder des Herodes, baute es auf dessen Befehl wieder auf;[4] dahin brachte auch Herodes seine Frau Mariamne sammt ihrer

---

1) Antiq. XIV. 3, 4.
2) Bell. J. I. 6, 5.
3) Antiq. XIV. 5, 2. cf. B. J. I. 8, 2-4.
4) Ant. XIV. 15, 4, cf. Bell. J. I. 16, 2.

Mutter Alexandra in Gewahrsam;[1] hier waren auch bedeutende Schätze aufgehäuft, welche Herodes dem Agrippa zeigte;[2] hier wurden endlich die Leichname des Alexander und des Aristobulus, welche auf Befehl ihres Vaters in Sebaste erdrosselt worden waren, sammt ihrem mütterlichen Grossvater und mehreren Andern beigesetzt.[3] Von Strabo[4] erfahren wir endlich, dass Pompejus die Raubfesten Alexandrion und Hyrcanion zerstört habe.

Alexandrium wird demnach als schönes Schloss (περικαλλὶς ἔρυμα oder φρούριον) geschildert, das am Gipfel eines hohen Berges lag. Alles dieses passt genau auf die oben bezeichneten Ruinen. Kren Sartabeh ist ein besonders markirter Berg, ganz geeignet durch seine Lage, die ganze Jordans'au zu beherrschen; die am Gipfel vorgefundenen Ruinen aus ganz gleich grossen, schön behauenen und geränderten Quadern, wozu die grosse Menge der ringsum den Berg zerstreut liegenden Quadern noch zu zählen sind, geben Zeugniss von der einstigen Schönheit dieser Burg. Da nun dies Korea im heutigen Kariut wieder aufgefunden wurde, dasselbe aber im Westen von Kren Sartabeh liegt, so entspricht auch das Alexandrium auf dem Sartabeh ganz der Lage bei Josephus, mithin ist die Annahme des Schultz, dass Kefr Jstunah identisch mit Alexandrium sei, keine stichhaltige, da er ja überhaupt den Berg nie bestiegen hatte. Ausgrabungen an dieser ganz verlassenen Ruinenstätte könnten vielleicht noch vieles zu Tage fördern. Die oben bezeichnete Mauer gehört ohne Zweifel zu den Befestigungen des Alexander, um eine Umgehung der Feste durch den nördlichen Wady abzuschneiden. Der Berg

---

1) Ant. XV, 6, 5.
2) Ant. XVI. 2, 1.
3) Ant. XVI. 11, 6.
4) Geogr. XVI. § 40.

Kren Sartabeh bildet gleichsam einen Knoten, von dem Ausläufer gegen die Ebene sich erstrecken und somit verschiedene Wady bilden.[1] So nach Norden 1) واد الزيت Wady el-Zeit; nach Osten 2) واد صنط Wady Ssunt, 3) واد قريس صرطبه Wady Kren Sartabeh, 4) واد عمرا Wady Amra; gegen Süden 5) واد الأحمر Wady el-Achmar. Im Norden breitet sich am Fusse des Berges eine kleine Ebene aus, die vom N W. herkommt und unterhalb des Kren Sartabeh in das El-Ghor einmündet; sie heisst Sahel Am-Ecbrereh سهل ام احرىره mit dem Wady el-Fárah واد الفارعه, welcher sehr fruchtbar ist und wo zur Winterszeit die Beduinen vom Stamme الأمارا الساعيدي Elamárá Elmasaaidi ihre Zelte aufgeschlagen haben, deren Tribus gegen 600 waffenfähige Männer zählt. In diesem Gefilde macht sich von Weitem schon das weisse Wely Abdel-Kader Eldschalani عبد القادر الجلانى bemerkbar. Das Panorama, dessen man vom Kren Sartabeh aus ansichtig wird, verdient ein prachtvolles genannt zu werden. Die ganze Jordansebene vom Nordende des todten Meeres bis gegen Scythopolis hinauf liegt zu Füssen ausgebreitet. Der Jordan macht sich durch seine weissen hohen Sandufer durch diese ganze Strecke hindurch kenntlich. Gegen Osten wird das Panorama durch die östliche Gebirgskette abgegränzt, auf der wir sehr deutlich die Stadt es-Salt bemerkten, ja sogar über die Jordansau herüber häufige Gewehrschüsse (wie unsere Beduinen sagten, von einem Kampfe) vernahmen; nördlich davon macht sich die Ruine Kalaat er-Rubád قلعة الروباد nahe bei Adschlun bemerkbar. Im Norden sieht man in bläulicher Ferne das schneebedeckte Haupt des grossen Hermon, in grösserer Nähe den wie einen Altar aufsteigenden Tabor und das Gebirge Gilboa, während im Süden das todte Meer von den Strah-

---

1) Siehe Tafel II.

len der Mittagssonne in blendendem Glanze sich spiegelte. Gegen Westen zu bemerkt man das grosse Dorf Acrabe, sowie südlich davon die Dörfer Meschdel und Duma. Die daselbst vorgenommenen Winkelmessungen sind folgende:
1. Nordost=und Nordwestecke des todten Meeres: 17°
2. Ras Feschchah und Ras el-Ain Dschiddy: 5°
3. Meschdel und Acrabe: 14° 40′
4. Berg von Seilun und Acrabe: 39° 40′
5. Kalaat er-Rubad mit dem Ausgange des Wady Zerka: 15°
6. Grosser Hermon und Tabor: 7°
7. Mündung des Zerkaflusses mit dem Gebirgsecke X (siehe Tafel): 27°
8. Ecke x mit Wely Abdel-Kader: 20°
9. Mündung des Zerka mit Dschebel es-Salt: 20 ½°
10. Mündung des Jordan mit Ras Feschchah: 14° 40′.

Während wir mit unsern Arbeiten am Gipfel des Sartabeh beschäftigt waren, unterhielten sich unsere Beduinen damit, grosse Quadern von der Höhe hinabzurollen, die denn auch mit grossem Getöse und mächtigen Sätzen durch die Schluchten hinab in die Tiefe stürzten und ihren Weg oft lange im Thale noch fortsetzten.

III. Reise nach Nablus.

Um 1 ½ U. verliessen wir den Berg und schlugen die gerade Richtung ein, um nach Nablus zu gelangen. Nach einstündigem Ritte stiegen wir in den Wady Abul Kataf, hinab, in welchem wir die Quelle عين الحنافر Ain El-chafajer vorfanden, deren Wasser mit + 21° R uns ein wahres Labsal war. Bald bergauf bald bergab steigend erreichten wir um ½ 5 U. den Ort Acrabe, den wir schon vom Kren Sartabeh aus gesehen hatten. عقربة Acrabe ist ein grosses Dorf, das am südlichen

Abhange eines Berges gelegen sich von Westen nach Osten ausdehnt. Die Häuser sind in grosser Anzahl auf Grundmauern älterer Gebäude und gewöhnlich aus gut behauenen Steinen aufgeführt. Mitten im Dorfe steht eine Moschee, durch ihren hervorragenden Kuppelbau von der Ferne schon kenntlich. Den westlichen Theil des Dorfes überragt ein grosses Gebäude, dessen Unterlagen grosse geränderte Steine bis zu 6' Länge bilden, wahrscheinlich noch Reste eines Thurmes oder auch einer Burg. Da der Berg, auf dem das Dorf gebaut ist, grösstentheils aus Felsen besteht, so trifft man daselbst auf der West= und Südseite viele alte Cisternen an. An der Südostseite finden sich auch einige verschüttete Gräber vor. Die ganze Lage dieses Ortes ist eine recht angenehme, jedoch fehlt ihm eine Quelle; dagegen sieht man mitten im Dorfe einen grossen Teich aus mächtigen alten Kalksteinblöcken gebaut. Derselbe ist von O-W. 121' lang, von N-S 55' breit und von der Höhe eines Hauses; denn man zählt 11 Steinlagen; am Südostecke führte eine Treppe in denselben hinab. An der Südmauer wurde, nachdem man den Teich nicht mehr benützte, ein Eingang gebrochen, um die Heerden daselbst einzustellen. Dieser Teich, weil am Fusse des Berges gelegen, hatte ohne Zweifel die Bestimmung, das von demselben fliessende Wasser zu sammeln. Die gefundenen Ueberreste sowohl, als auch die ganze äussere Gestalt des heutigen Dorfes zeigt, dass Acrabe einst eine grössere Stellung eingenommen habe. Der Name und die Lage dieses Ortes an der Strasse von Jericho nach Nablus zeigt das alte Acrabatane an, dessen I. Macc. V, 3 erwähnt wird, indem daselbst Judas den Söhnen Esau's von Idumäa eine Niederlage beibrachte.[1] Nach Josephus war Acrabatene benachbart mit

---

[1] Vergl. Antq. XII. 8, 1.

Samaria,[1] und bildete die Grenze zwischen Judäa und Samaria, denn Flavius schreibt also[2]: „Samariensis autem regio inter Judaeam quidem et Galilaeam media est, nam a vico incipiens in magno campo jacente nomine Ginnaea desinit in Acrabatenam toparchiam". Dieser Ort war demnach die Hauptstadt einer Toparchie und zwar nach Plinius[3] fünften, nach Josephus Fl.[4] zweiten Ranges; ferner grenzte diese Toparchie an die von Gophna, da Johannes, der Sohn des Ananias, beiden vorgesetzt war.[5] Simon der Sohn des Gioras hatte daselbst auch Gewaltthaten ausgeübt,[6] wurde aber vom Hohenpriester Ananus daraus vertrieben,[7] nach dessen Tode er abermals dahin kam. Vespasian, der von Caesarea aus das Gebirge bestiegen hatte, nahm die 2 Toparchien Gophna und Acrabatene und nach diesen Bethel und Ephraim[8]. Nach Eusebius und Hieronymus war Acrabe zu dieser Zeit noch ein grosses Dorf und lag 9 Milliarien von Naplus auf dem Wege nach Jericho, welches alles nur auf das heutige Acrabe passt: Eusebius schreibt also:[9] „Ἀκράββειν ὅριον τῆς Ἰουδαίας ἀνατολικὸν Φυλῆς Ἰούδα, κώμη δὲ ἐστὶ μεγίστη μόγις διεστῶσα Νέας πόλεως σημείοις ϑ' ἐν ἀνατολαῖς κατιόντων ἐπὶ τὸν Ἰορδάνην ὡς ἐπὶ Ἱεριχὼ διὰ τῆς καλουμένης Ἀκραβαττίνης". Übrigens ist dieses Dorf vielleicht seiner entlegenen Lage wegen wenig besucht worden.

Samstag den 11. November verliessen wir um 7 Uhr un-

---

1) Bell. J. II. 12, 3. 4.
2) B. J. III. 3, 4.
3) Lib V. c. 14.
4) l. c.
5) B. J. II. 20, 4.
6) B. J. II. 22, 2.
7) B. J. IV. 9, 3.
8) B. J. IV. 9, 9.
9) Ἀκράββειν. Onom.

sern Lagerplatz am alten Teiche in Acrabe, durchzogen den fruchtbaren Wady Auerta, der vom gleichnamigen Dorfe so benannt ist, welches am Ausgange des Wady auf dem Gebirge gegen die grosse Ebene Muknah zu gelegen ist. Dieses Dorf ist 1 ½ St. von Naplus entfernt und wird seiner Gräber wegen als ein Wallfahrtsort von Türken und Juden besucht. Nordöstlich vom Dorfe liegt eine Moschee, in welcher man ein Felsengrab von 7′ Länge und 3′ Breite sieht, welches das Grab Elasirat heisst; hier sollen nach muselmännischer Sage 77 Propheten begraben liegen; im Dorfe selbst zeigt man einen grossen weiss übertünchten und gemauerten Sarcophag als das Grab des Neby Mansuri. Unsere eigentliche Aufmerksamkeit jedoch verdient ein grosser Hügel, der südwestlich von diesem Orte ungefähr 15 Minuten entfernt ist und جبل اليعازر Dschebel Eliaser (Berg des Eliaser) heisst. Dieser Berg hat seinen Namen vom Grabe des Eliezer entlehnt, das hier von Juden und Türken gleich hoch verehrt wird. Auf der Höhe dieses Hügels finden sich noch Ruinen vor, welche sie als Kalaat oder Burg bezeichnen. An der westlichen Seite desselben kommt man zu einem Wely oder ummauerten Vierecke, das von einigen sehr alten Terebinthen ganz überdeckt ist; der innere Raum ist gepflastert und enthält das Grab Eliesers, des Sohnes des Aaron; dasselbe hat die Form eines ausgemauerten und überwölbten Senkgrabes von nicht bedeutender Grösse, das wohl erst der neuesten Zeit entstammt. Unser Führer, der Scheik des Dorfes, bemerkte uns, dass das eigentliche Grab sich tiefer befinde in einer Höhle, die von bedeutendem Umfange sein soll. Und wirklich gaben die Wände beim Klopfen einen dumpfen, hohlen Ton als sicheres Zeichen, dass wir uns am Eingange einer Grotte befanden. Es ist daher nicht unwahrscheinlich, dass man nach Entfernung der modernen Grabwände auf wirkliche antike Gräber stossen würde. Der obere Rand dieses Grabes ist mit einer rabbinischen Inschrift versehen und zeigt somit an, dass dieses Grab von den Juden verehrt wird. Nach Ostern unternehmen die Juden in Jerusalem eine Wallfahrt zu diesem Grabe ihres Hohenpriesters.

Daneben befindet sich ein haushoher, weiss übertünchter Sarcophag mit einer kleinen Moschee, wo die Muselmänner demselben Elieser ihre Verehrung zollen. Der Hohepriester Eleazar, der Sohn Aarons, wurde in Gibat Pinchas (בְּגִבְעַת פִּינְחָס), einer Besitzung des Pinchas auf dem Gebirge Ephraim begraben (Jos. XXIV. 33.) Einige fassen dieses גִבְעָה als Nomen proprium einer Stadt auf, allein dem hebräischen Texte nach zu urtheilen ist die Auffassung von גִבְעָה als Collectivum vorzuziehen, dem gemäss dann zu übersetzen ist: und sie begruben ihn auf dem Hügel des Pinchas, seines Sohnes, welcher ihm auf dem Gebirge Ephraim geschenkt worden war. Wir haben also das Grab Eliesers auf einem Hügel des Gebirges Ephraim zu suchen, welcher demnach oben bezeichnetem Hügel ganz entsprechen würde, nur mit dem kleinen, leicht erklärlichen Unterschiede, dass man ihn jetzt Hügel des Elieser statt Hügel des Pinchas nennt. An der Ostseite des Hügels findet sich eine grosse Cisterne vor.

Die Ebene Mukuah quer durchreitend erreichten wir gegen 12 Uhr Naplus.

Das Grab Josuas.

Da diese Abhandlung bloss ein Beitrag zur Topographie der südlichen Westjordansebene sein sollte, so schliesst sich dieselbe mit unserer Ankunft in Naplus ab, um so mehr, da wir auf dem gewöhnlichen Pilgerwege nach Jerusalem zurükkehrten, der unzählige Male schon erläutert wurde. Allein da wir zugleich das Grab Josua besuchten, so dürfte es nicht unwillkommen sein, eine kleine Untersuchung hierüber als Anhang folgen zu lassen, da dasselbe seiner entlegenen Lage wegen noch wenig besucht und beleuchtet wurde. Dasselbe befindet sich auf dem Wege, der von Dschifna, dem alten Gophna, nach Jaffa führt, oder wie Eli Smith will, auf der alten Via Romana von Gophna nach Antipatris und zwar 3 St. von Dschifna. Wir verliessen 8 U. Morgens Dschifna, liessen Birseit links liegen und kamen unterhalb des letzteren Dorfes zu einer Quelle, welche in einem rund ausgemauerten Brunnen entspringt und Ain Chammam عين حمّام heisst. Von da stiegen wir auf die Höhe Machata مَحَاتا, von wo aus wir das Meer sammt einem grossen Theile der Ebene erblickten. Wir stiegen sodann in den Wady Machata hinab und hatten zur Rechten auf einem Berge ein Wely, das von einigen Bäumen ganz umgeben und überschattet war; der Führer bezeichnete es uns als Wely El-katravani ولى القترواني. Um 10 U. erreichten wir das Dorf Emsaphah, an dessen Südseite der Wady gleichen Namens vorbeizieht. Wir stiegen nun bald eine Anhöhe hinan, welche sammt der Umgebung von strauchförmigen Eichen (Ilex, Ballut بلّوط) und Terebinthen ganz bewachsen ist. Um 12 ½ U. stiegen wir wieder in ein Thal Wady Tebna واد تبنا hinab, das ziemlich breit und auch angebaut ist; in demselben trafen wir eine Quelle, die sowie der Wady von den Ruinen benannt ist, welche am westlichen Ausgange desselben auf einem Berge liegen und die wir in 15 Minuten von dieser Quelle erreichten. Es ist ein nicht hoher Berg, der ganz mit Ruinen bedeckt ist, die unter dem Namen خربة التبنا Chörbet el-Tebna bekannt sind und von einer grossen einst hier gestandenen Stadt zeugen. Der Ort war so gelegen, dass man das Meer und die Ebene gegen Süd und Nord bemerkte. Von dieser Bergkuppe war nur durch ein kleines Thal oder Sattel eine zweite höhere getrennt, an deren Nordseite wir mehrere Felsengräber neben=und übereinander bemerkten. Auf diesem Sattel, über den der Weg nach Jaffa führt, steht ein grosser Ballutbaum, dessen Stamm 15′ im Umfange misst; 25 Schritte davon östlich entfernt sieht man die Öffnung zu einer grossen alten Cisterne. Östlich von diesem Gräberberg liegt das grosse Dorf Deïr el-Nezam دير النظام auf einem Berge. Unser Führer nannte den Gräberberg جبل الدام (Dschebl ed-dam). Unter diesen Felsengräbern machen sich einige durch ihren Portikus bemerkbar und unter diesen wieder ganz besonders jenes, welches als Grab Josua's قبر اليشوع bezeichnet wird, und welches seiner äussern Schönheit, Form und innern Eintheilung nach Wenige seines Gleichen in Palestina hat. Zunächst kommt zu beachten, dass man im Allgemeinen zwei Arten von Gräbern unterscheiden muss und zwar 1) Familiengräber und 2) Sammel-oder Gemeingräber, von denen Letzteren wieder mehrere Unterabtheilungen zu unterscheiden sind. Es versteht sich von selbst, dass bloss die reichern und angesehenern Familien ihre eigenen Grüfte hatten, welche mit dem Erbgrundstücke zusammenhingen; so wurde Abraham mit seiner Familie in der Doppelhöhle Macpela auf dem Acker Ephrons, den er von den Söhnen Heths gekauft hatte, begraben. Genes. XXV. 29, ff. Desgleichen wurden Josue, die Gebeine Josephs und der Hohenpriester Eliasar auf den ihnen angehörenden Besitzungen begraben, Jos. XXIV. 30, ff; so Samuel in Ramatha, I. Kön. XXVIII. 3, und die Maccabäer in Modin, I. Macc. II. 70; IX. 19; XIII. 27 ff. etc. Diese Felsengräber zerfielen dann wieder in mehrere Leichenkammer, welche nach Verschiedenheit ihrer Anlage entweder mit einander oder aber bloss mit dem gemeinschaftlichen Vestibulum durch kleine Thüren in Verbindung standen und in denen die Leichname entweder in Trog-oder Bank-oder Schiebgräbern beigesetzt wurden. Das oben bezeichnete Grab Josua's ist ein Familiengrab und zwar seinem innern Plane nach in der reinsten Form. Wie bereits erwähnt liegt es an der nördlichen Seite am Fusse des angeführten Gräber-Berges, so dass die Vorderfront gegen Norden gerichtet ist; um nun eine entsprechende Höhe für das Grab zu gewinnen, musste dasselbe tiefer in den Berg oder Felsen hinein angelegt werden, so, dass dadurch ein 25′ langes und unbedecktes Atrium entstand. Von da tritt man in das eigentliche Atrium (siehe T. III.), dessen Front durch einen Portikus gebildet wird, der wiederum aus 2 freistehenden viereckigen Pilastern von 2′ Stärke und 2 Halbpilastern besteht, welche ein Gebälke tragen, alles jedoch aus Naturfels gehauen. Ein Pfeiler, sowie das unmittelbar darüber befindliche Gebälk ist beschädigt; auch muss man sich über Steine hinweg den Weg zum Atrium bahnen. Diese Vorhalle nun, welche eine Längenrichtung von OOS nach WWN nimmt, ist 23′ lang und 10′ breit, die Höhe kann nicht genau angegeben werden, da das Atrium mit Schutt angefüllt ist. Die Höhe der Decke bis zur Grabesöffnung beträgt 7′. An den 3 Wänden dieser Vorhalle waren Lampennischen in Halbkreisform von 9″ Länge 6″ Höhe und 5 1/2″ Breite eingehauen, die dazu dienten, durch hineingestellte Lampen das Grab zu illuminiren, was zum sprechendsten Beweise dient, dass wir hier das Grabmal eines gefeierten Mannes vor uns haben. So zählten wir an der Südwand 122 theils grössere, theils kleinere Nischen, an der Westwand 80 und an der östlichen Seitenwand 70 Lampennischen, wobei natürlich jene nicht mit eingerechnet sind, die durch den Schutt bedeckt sind. Durch die 1 $\frac{1}{2}$' Breite zum Theil verschüttete Grabesthür, welche sich an der Rückwand des Atrium und zwar in der Mitte derselben befindet, gelangt man in die erste Todtenkammer, welche 12 $\frac{1}{2}$' in der Länge und Breite misst, und so hoch ist, dass ein Mann bequem darin aufrecht stehen kann. In derselben sieht man 14 Schiebgräber, und zwar je 5 befinden sich an der Ost- und Westseite und 4 in der südlichen Wand. An den Wänden sieht man noch jetzt die deutlichen Spuren des Meissels. Durch einen 2 $\frac{1}{2}$' hohen, 2' breiten und 6 $\frac{1}{2}$' langen Gang an derselben Südwand gelangt man in die zweite Kammer, welche 7 $\frac{1}{2}$' lang (von N-S), 6 $\frac{1}{2}$' breit und 4' hoch ist; dieselbe enthält bloss ein Schiebgrab wiederum an der Südmauer gegenüber dem Eingange. Es hatte 1' 9" Breite, 2' 3" Höhe und 6' 3" Länge, war jedoch wie die Grabkammer ganz leer. Die interessante Anlage dieses Familiengrabes führt uns von selbst auf den Gedanken, dass in dem Einen Grabe der zweiten Kammer das Familienhaupt beigesetzt war, während die erste Kammer für die Familienglieder bestimmt gewesen sein mag, und dass diese ganze Gruft einer hervorragenden Familie angehört habe. Es bleibt demnach nur noch zu untersuchen übrig, ob man hier mit Recht das Grabmal Josua's suchen darf. Josue, der Nachfolger Moses, nahm wie bekannt in der Entwicklungsgeschichte des Volkes Gottes eine nicht unwichtige Stellung ein. Die Eigenthümlichkeit seines Characters verbunden mit der Zeitperiode, in der er lebte und der Stellung, die er einnahm, machten ihn und sein Werk zum herrlichsten Vorbilde des Erlösers. Es ist daher auch leicht zu begreifen, dass ein dankbares Volk das Andenken an solch' einen Mann auch nach dessem Tode noch heilig hielt. Nach dem Berichte der heil. Schrift wurde Josua auf seinem Erbgute begraben; denn es heisst[1]: „et sepelierunt eum in finibus possessionis suæ in Thamnathsare, quæ est sita in monte Ephraim, a septentrionali parte montis Gaas. Dieses Besitzthum hatte sich Josua bei der Vertheilung des Landes erbeten und daselbst auch die Stadt Thamnathsare תִּמְנַת סֶרַח erbaut, welche mit Thimnat Cheres תִּמְנַת חֶרֶס Richt. II. 9. identisch ist. Josephus Flavius[2] nennt diese Stadt einfach Θαμνά, was zu beweisen scheint, dass סֶרַח oder חֶרֶס ein blosses Adjunctum ist. Zunächst kommt zu bemerken, dass dieses Thimnat oder Thamna wohl zu unterscheiden ist von einer andern gleichnamigen Stadt Thamna oder Thamnata, welche schon Genes. XXXVIII. 12, erwähnt wird. Sie war eine Grenzstadt Judäas auf dem Gebirge gegen die Philister bei Beth-Schemesch Jos. XV. 10, 57, wo Samson den Löwen zerriss, Richt. XIV. 1, welche später auch durch die Philister genommen wurde II. Paral. XXVIII. 18. Josephus[3] nennt sie „Θαμνὰ πόλις τῶν Παλεστίνων". Von dieser Stadt hat Simson auch den Namen הַתִּמְנִי erhalten. Dagegen lag Thimnathcheres auf dem Gebirge Ephraim und scheint mit Themna einer Stadt im Stamme Dan, Jos. XIX. 43, identisch zu sein; denn nach der Vertheilung des Landes gaben die Söh-

---

1) Jos. XXIV. 30, cf. Richt. II. 9.
2) Antiq. V. 1. 9.
3) Ant. V. 8. 5.

ne Jsraels Josue eine Besitzung in ihrer Mitte, die er verlangte. Diese Stadt nun war die Hauptstadt einer der Toparchien Judäas, welche auch einem nördlichen Theile von Judäa zur Zeit der Römer den Namen „regio Thamnitica" gab. Josephus verbindet bei der Aufzählung der Toparchien Judäas mit Gophna und Acrabatta auch Thamna, Lydda und Ammaus[1]. Diese Lage von Thamna stimmt ganz zu der Reihenfolge, die er an einer anderen Stelle anführt, wo er die Städte nennt, deren Einwohner von dem römischen Prätor Cassius von Syrien als Sclaven verkauft worden waren und unter diesen vorzüglich die 4 Städte: Gophna, Emmaus, Lydda und Thamna[2]. Es ist jedenfalls dieselbe, welche von Bacchides befestigt wurde und unter dem Namen Θάμναθα angeführt wird[3]; denn das „θα" ist eine terminatio syriaca. Das heutige تبنى Tebna ist aber auch ohne Zweifel identisch mit Thamna, da das ب der Araber sehr häufig für f gesetzt wird, zu deren Jdentität auch die ganze Lage und Verbindung mit den andern angeführten Städten stimmt. Übrigens scheint diese Regio Thamnitica eine grosse Ausdehnung gehabt und auch an die Ebene gegränzt zu haben, da nach Eusebius[4] Βαιθσαρισάθ, welches 15 Milliarien nördlich von Diospolis lag, noch der regio Thamnitica angehörte und auch Vespasian auf seinem Marsche von Antipatris die Toparchie Thamna verheerte, von wo aus er über Lydda und Jamnia nach Ammaus gegen Jerusalem zog[5]. Die Ruinen von Tebna in Verbindung mit obiger Grabstelle stimmen demnach ganz zu dem Berichte der heil. Schrift, dass Josua zu Themnatcheres mit-

---

1) Bell. Jud. III. 3. 5.
2) Ant. XI. 2.
3) 1. Macc. IX. 50, u. Ant. XIII, 1, 3.
4) Onom. Art. Βαιθσαρισάθ
5) Bell. J. IV. 8, 1.

ternachtwärts am Berge Gaas begraben sei; der Berg جبل الدام ist somit identisch mit dem Berge Gaas der Bibel. Dieses Grabmal war zur Zeit des heil. Hieronymus noch bekannt und allgemein verehrt; denn auch die h. Paula besuchte dasselbe von Bethel aus, was nur wieder für die Authentizität des oben von uns erwähnten Grabes spricht; er schreibt[1]: „Sepulchrum quoque in monte Ephraim Josue filii Nave et Eleazari filii Aaron sacerdotis e regione venerata est, quorum alter conditus est in Thamnathsare a septentrionali parte montis Gaas, alter in Gabaa, satisque mirata est, quod distributor possessionum sibi montana et aspera delegisset." Auch Adrichomius erwähnt dieses Grabes bei Thamnathsare, welches zur Römerzeit Thamnata hiess; auch erzählt derselbe, dass man oberhalb desselben die Sonne gemalt habe „supra quod figuram solis descripserant, eo quod solem stare fecisset." Dieses Emblem sieht man jetzt, soviel wir beobachteten, an der sehr verwitterten Aussenwand nicht mehr. Was nun dieses Grabmal betrifft, so soll keineswegs behauptet werden, dass dasselbe in seiner Ausschmückung bis in die Zeit Josua's hinaufreicht; es ist vielmehr wahrscheinlich, dass später erst, um das Andenken dieses grossen Mannes zu ehren, dasselbe in seiner gegenwärtigen Form bearbeitet wurde. Dieser Umstand entkräftet jedoch keineswegs die Authentizität dieses Grabes, sondern erhärtet sie vielmehr. Ausser diesem Grabe finden sich auf der Nordseite dieses Berges noch andere vor, von denen einige auch ein ähnliches, jedoch minder schönes Atrium haben; sie sind grösstentheils verschüttet. Oberhalb des Grabes Josua drangen wir in ein Grab ein, welches fast dieselbe Construction in der innern Eintheilung hat, wie das Grab Josua's, nämlich zwei Grabkam-

---

[1] Epitaph. s. Paul.

mern; die erste zählt 14 Schiebgräber, die zweite Kammer jedoch bildet ein viereckiges Gemach ohne Spur eines Schiebgrabes; nur fanden sich in derselben noch Stücke eines Sarcophages, sowie auch Knochen vor. Auf den Gipfel des Gräberberges sieht man noch einige Ruinen, die von einem Gebäude oder Thurme herrühren mögen.

Zugleich möge bemerkt werden, dass man dieses Grab nicht ohne Bedeckung besuche. Bekanntlich sind die Fellah's böswilliger, als die Beduinen. Während sich Letzterer mit der Beute begnügt, vollzieht Ersterer oft auch den Mord, aus Furcht verrathen zu werden. Auch wir wurden, da wir ohne Escorte dahin gegangen, von 11 bewaffneten Fellahs überrascht und konnten es nur unsern europäischen Waffen danken, dass wir ohne Unglück ihnen entkamen.

Über Dschifna und Beitin kehrten wir nach Jerusalem zurück, freudig über die glücklich vollbrachte Reise, die durch so schöne Resultate gekrönt ward. Die Constatirung Gilgals und durch dieselbe die Bestimmung der Lage Jericho's, die Auffindung der Ruinen Phasaëlis und Alexandrium, waren die Frucht dieser mühsamen Reise, welche somit als kleiner Beitrag zur Topographie Palestina's gelten kann.

Kren Sartabeh.

A. Mauern aus geränderten Quadern
B. Vertiefungen
C. zerstörte Umfangsmauer
D. höchster Punkt der Ruinen
E. Spuren einer Treppe

Das Grabmal des
Josua
Grundplan.

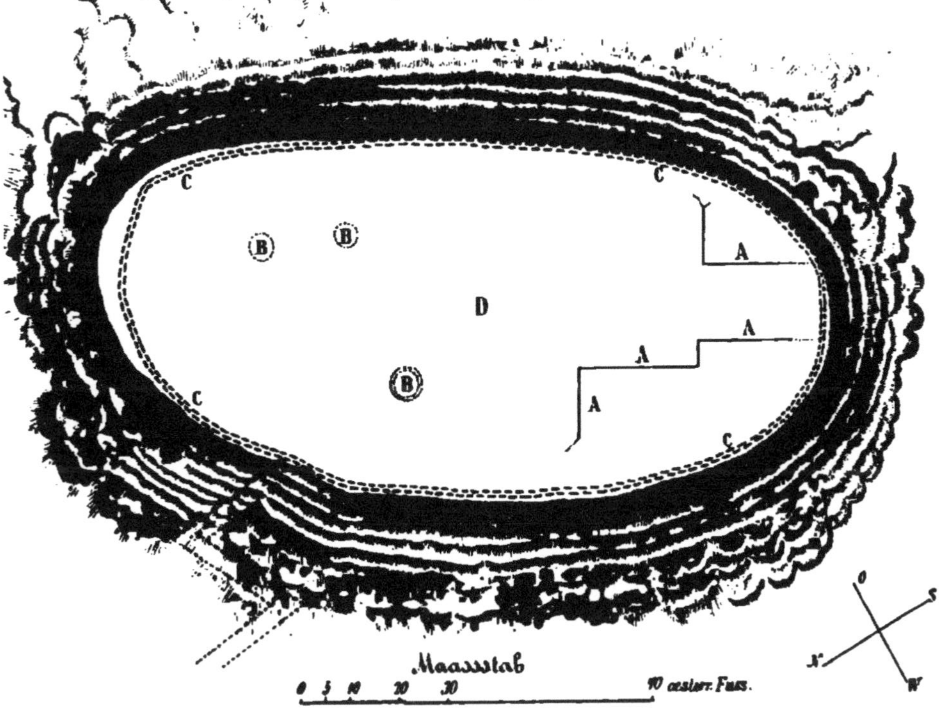

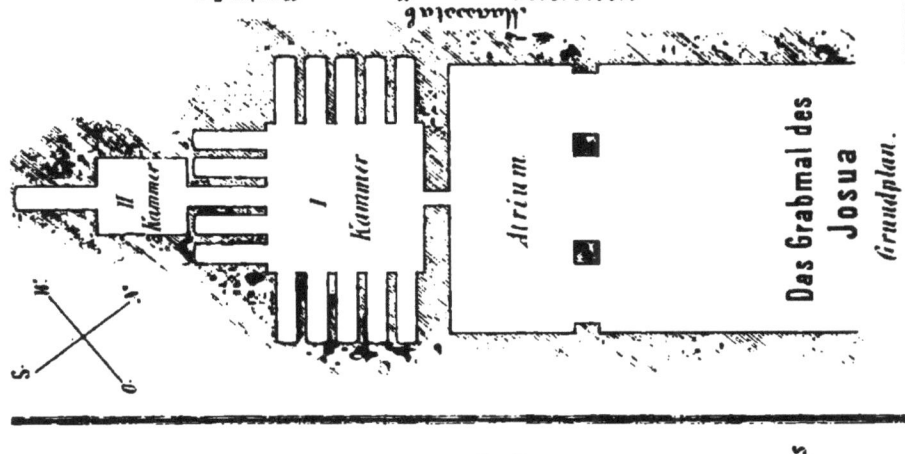